MW01599090

with gratitude
from the author,

M. Khazin

October 2009

МИХАИЛ ХАЗИН

На посошок

Избранные стихи

БОСТОН

МИХАИЛ ХАЗИН
На посошок. Избранные стихи

MIKHAIL KHAZIN
Na pososhok. Izbrannye stikhi
(*One for the Road.* Selected Poems)

Copyright © 2008 by Mikhail Khazin
Copyright © 2008 by Svetlana Burinskaya

ISBN 978-1-934881-04-0 (pbk.)
Library of Congress Control Number: 2008931744

Художник Светлана Буринская
Design and Illustrations by Svetlana Burinskaya

Published by M· GRAPHICS Publishing
info@mgraphics-publishing.com
www.mgraphics-publishing.com

Автор этой книги родился в Бессарабии (Молдова), в еврейской семье. Раннее детство его пришлось на годы, когда Бессарабия входила в состав Румынии. Потом он узнал, что его родиной стал Советский Союз. Потом — война, эвакуация, гибель отца, школа, университет, работа журналистом, писательство.

Перу М. Хазина принадлежит ряд книг прозы, литературных исследований, переводов с румынского, с еврейского, изданных в Кишиневе и в Москве. В 2007 году в издательстве «Hermitage Publishers» (США) вышла его книга «Еврейское счастье. Записи для друзей».

Предлагаемый сборник стихов состоит из четырех разделов: «Кишинев — Бостон», «Дневниковины», «Детям», «Избранные переводы». Читатель найдет в нем вдумчивые, подчас шутливые раздумья о прожитом и пережитом, о преодоленной боли, о летучих радостях пира нашей жизни.

Кишинев — Бостон

РЕЧЕНЬКА-РЕЧЬ

Молдавская колиба у левады.
Пологий холм. В пруду резвится язь.
Язык друзей, высокая отрада,
Ты с родословьем трепетная связь.

Молдова, над тобой Кассиопея,
Любимое созвездие мое.
Ни эллина для нас, ни иудея —
Поэзия, любовь, житье-бытье...

Траянова колонна и Овидий,
От римлян сохранившийся язык.
И местечковый, материнский идиш,
На нем я с детства говорить привык.

Движенья губ, морщинок залеганье,
Зрачков свеченье и лучи у глаз —
Наглядный почерк речи, заиканья,
Глубинной сути прозвучавший глас.

На небе детства — грозовые тучи...
Нас, беженцев, понес военный шквал.
О, матерный, великий и могучий,
С тобою прочно свел меня Урал.

Открылся Пушкин мне в краю метелей...
Навеки попрощался там с отцом...

Там изменился я душой незрелой.
Наверное, и обликом, лицом.

Нас мучил голод в дни войны жестокой,
Напор беды, нехватка наших сил.
Я по-немецки шпрехал на уроке
И Лорелею нараспев зубрил.

Нехоженой дорогой жизнь катилась.
Шустрить? Ловчить? Игра не стоит свеч.
Судьба моя с английским породнилась,
И душу обновляет эта речь.

И, кажется, само произношенье,
Как чуткий скульптор — острием резца,
Подспудно формирует выраженье,
Черты и мышцы нашего лица.

Каким штрихом у глаз усталых ляжет
Так поздно постигаемый язык?
Сижу в раздумье на песчаном пляже,
Смотрю на ширь, где плавал Моби Дик.

Язык — ваятель и души, и тела.
Он лепит нас. И мы его творим.
Теперь в краю Мелвила и Лонгфелло
Мы с другом по-английски говорим.

НАДПИСЬ НА КНИГЕ, ОТПРАВЛЕННОЙ ДРУГУ

Не для почета, — для отчета
Перед тобой, мой строгий друг,
Собрал я в этом переплете
Слова, возникшие не вдруг,
О нашей жизни скоротечной,
Исканье истины, услад,
И о еврейской доле вечной —
Как на земле устроить лад?

2007

* * *

Детство мое, под бомбежкой мы были.
Взрывы, руины запомнились мне.
Первые буквы мои проступили
Белым огнем на черной стене.

Хлебные карточки, нары барака,
Накрест оклеены стекла в окне.
Буквы — как вестники. Знак зодиака.
Белым огнем на черной стене.

Буквы мои — то ли «аз», то ли «алеф»
Белым огнем — достоянье моё.
В жизни расставить мне предстояло
Точки над «i» и точки над «ё».

УРОК ВОЕННОГО ДЕЛА

Желторотых, глупых, ранних —
Нас учили жить:
Убивали в нас желанье
Жизнью дорожить.

Нам внушали чувство долга:
Выполняй приказ,
Не раздумывая долго.
Это высший класс.

Презирайте пулю-дуру!
Через пламя — вброд!
Находите амбразуру
И — бросок вперед!

Два притопа, три присеста,
Не жалей души.
Подвигу всегда есть место.
Бей, стреляй, круши.

* * *

Я не на родине родился,
Но долго этого не знал.
Был грех, — я родины дичился.
Иной земле принадлежал.

Казенный голос величаво
Внушал, нашептывал, трубил,
Что я — законный сын державы,
Хотя я пасынком ей был.

Но сердце, зная и не зная,
Отстукивало тайно весть,
Что где-то, где-то близ Синая
И у меня отчизна есть.

* * *

Во все века рискованные мнения
Живучи, словно угли под золой.
От мнений этих нету исцеления, —
Отсечь их можно вместе с головой.

История темна и не распутана,
В ней есть повторы, что ни говори.
У каждого венца — свои Распутины,
Свои слепые и поводыри.

Стремительно меняются формации —
Святые, златоусты, трубачи.
Меняются награды, ассигнации,
А в безработных — ходят палачи?

Нас берегли от непотребных вирусов,
От нездоровых «кто?» и «почему?».
Но мы вникали в редкие папирусы,
Выуживали нужное уму.

И, ранней сединою убеленные,
Мы все-таки прочли, в конце концов,
Эпохи завещанья потаенные
И протоколы мнимых мудрецов.

* * *

Люде

В пиру с друзьями — хохотунья,
В беде — серьезней не найти,
Немножечко она колдунья,
Чтоб злые чары отвести.

В час испытанья, в миг потехи,
Не суетясь и не спеша,
Моей ответствует, как эхо,
Ее чистейшая душа.

Собой прикроет тыл и фланги,
Какой бы ни нагрянул шквал.
Хранит очаг, как добрый ангел,
Без угожденья и похвал.

За дар любви в наш век убогий
Неразберихи и скорбей,
Кому я благодарен? Богу?
А может, еще больше — ей?

* * *

Не обольщаюсь суетной гордыней
И сознаю: моя любовь — не с глянцевой
обложки,
Хотя ей сердцееды смотрят вслед.
Любовь моя особой метой мечена:
Куда бы и когда б она ни шла,
Всегда шагает впереди нее
На расстоянье вздоха или шага
Ее пленительная доброта.
И так она прекрасна, лучезарна,
Что далеко до этой тихой женщины
Любой рекламно-яркой мисс вселенной.

Песочные часы

Собрать песчинки этих белых дюн,
Прибрежной полосы, приглаженной
прибоем,
Собрать барханы выжженных пустынь,
Рассеянную пыль каменотесов,
И донные песчинки всех морей,
Собрать в громаду все песчинки мира,
Засыпать их в песочные часы,
Пускай они отсчитывают щедро
Мгновения и дни моей любимой,
Идущей по тропе со мною рядом
Вдоль этих белых дюн...

* * *

Как глина в руках гончара,
Кручусь, и твердею, и таю.
В горниле творенья горя,
Твой обжиг душой принимаю.

Как в чутких руках стеклодува
Податливо гнется стекло,
Так я, твоим духом проникнут,
Храню твоих рук тепло.

Как суть свою сталь обретает
Под молотом кузнеца,
Так выковал ты мое сердце,
Черты моего лица.

Как шелк в руках вышивальщицы
Вбирает неба простор,
Так вышит твоими нитями
Жизни моей узор.

Выкован, вылеплен, выстрадан
Жизни бесценный дар
Тобой, моя вышивальщица,
Тобой, мой высокий гончар.

* * *

Леониду Балаклаву

Еще открыт этюдник мастера,
Но прислонен уже к стене,
Стоит портрет, мерцая красками, —
Он много знает обо мне.

Моих привязанностей повести,
На чем стою, о чем тужу.
Смотрю в себя при свете совести.
Сужу не вас – себя сужу.

И мы с тобою, друг, наверное,
Душой стремимся неспроста
Так жить, чтоб нити стали нервами
И кожей стала ткань холста.

Немало лет живу на свете я,
Изведал вкус побед и бед.
Но подарил мне долголетие
Тобой исполненный портрет.

* * *

В дворике, где вишни и лоза,
А на грядках зреют помидоры,
Там живет прелестная коза,
Серая коза по кличке Лора.

Рядом школа верховой езды,
Родничок, конюшни, разнотравье,
Стригунки, не знавшие узды,
Рысаки, прорвавшиеся к славе.

В лепестках баюкает осу
Дикая надломленная роза,
И тропа усеяна в лесу
Яблоками конского навоза.

Чтоб дорога нам была легка,
Чтоб в пути мы одолели горы,
Теплого парного молока
Хорошо отведать бы у Лоры.

Апрель 1986

***

Лифт, как поршень, то вверх, то вниз.
День из жизни вычеркнут прочь.
Где ты, женщина? Отзовись!
Кроме дня, существует ночь.

Ночь двулика — судья и палач.
Этим теням шататься не лень.
Тише, женщина, тише, не плачь,
Кроме ночи, есть еще день.

ПОЛОНИНА

Подушки мха. Камыш. Речная дрема.
Кнут волоча, мальчишка гонит коз.
— А эхо может быть сильнее грома?.. —
Ты задала задумчивый вопрос.

Лес прятал в грабах мглы вечерней клочья,
С подножья к полонинам подступал.
Молчал, молчал, как хитрый переводчик,
Усиливший тайком оригинал.

О, мир не прост. Но в нем — не разуверюсь —
Есть соразмерность меж добром и злом.
...Мальчишка гонит коз, как громовержец,
На кнутовище — молнии излом.

РУЧНАЯ БЕЛКА

В декабрьском парке, у пруда,
Где сосен строй на снежном фоне,
Она у самой кромки льда
Кормила белочку с ладони.

Не сразу белка подошла.
Но, шубку распахнув в азарте,
Она ей семечки несла,
Как будто бы вся жизнь на карте.

Доверия извечный путь...
Она на корточки присела,
Старалась только не спугнуть,
Дышала кротко и несмело.

Металась белка по сосне,
Спустилась по стволу к дорожке,
Хвостом мела пушистый снег,
Потом приблизилась к ладошке.

И стала есть с ее руки,
Уткнувшись в пальцы на мгновенье,
Щекотны были и легки
Пугливые прикосновенья.

Снежинки падали с берез.
Сидели пары на скамейке.
Кормила белочку в мороз
Девчушка в беличьей шубейке.

1970

БЕДНЫЕ ЛЮДИ

(Песенка к спектаклю «Бедные люди»
по Достоевскому)

Вся наша жизнь — словно муромский лес.
Никто не подаст нам спасенье на блюде.
Рождаемся на смерть и мрем на воскрес,
     Бедные люди, бедные люди.

Живем на суровой и трудной земле,
Нас милует жизнь, и швыряет, и судит.
Мерцает любовь нам звездою во мгле,
     Бедные люди, бедные люди.

Мудрим, и шустрим, и меняем страну.
На боль и на ложь натыкаемся всюду.
Я даже о самых счастливых вздохну:
     Бедные люди, бедные люди.

Но кое-что есть и у нас за душой.
Есть вера и жалость. Мы помним и любим.
Клубятся созвездия над головой.
     Бедные люди, бедные люди.

Таджикский мотив

Ширазских роз тут нет,
    Гиссарских нет тюльпанов,
Лишь твой, вино, букет,
    Над гранями стаканов.

Расплавленный рубин
    Румянит наши лица.
Голубушка! Один
    Глоток — и ты орлица.

О, горлинка моя!
    Тот звук понять сумей ты:
Из горлышка струя
    Поет призывней флейты.

Она горька? Ну что ж,
    Зато из доброй кисти...
Вино, лжецу — ты ложь,
    Ты правдолюбцу — истина.

Ты вздор и бред — глупцу,
    Он пьет себе на горе.
Ты мудрость — мудрецу:
    Как он смакует горечь.

Горчит бальзам и мед.
　　Успех, любовь и дети.
А что не отдает
　　Горчинкою на свете?

Я отвергаю рай,
　　Но в редкое мгновенье
Мне вдохновенье дай
　　И дай самозабвенье.

Везло, не повезло —
　　Слова из детских игр.
Вино — добро и зло,
　　А мы — свобода выбора.

Голубка, пригуби
　　Бокал вина без страха.
Не прекословь любви
　　И не гневи Аллаха.

ВЕСНУШКИ

Только начали кукушки
В дальнем куковать лесу,
Как аукнулись веснушки
На прелестнейшем носу.

Милой я сказал вострушке:
— Подари мне три веснушки.
У тебя их на руке —
Словно звезд в ночной реке.

На плечах и на груди
У тебя их пруд пруди.

А посмотришь на щеку —
Как ромашек на лугу.

Не лицо под рыжей челкой —
Улей, золотые пчелки.

Смущена и польщена,
Так ответила она:

— Что за блажь — дарить веснушки?
Это, братец, не игрушки!

А веснушек урожай
Ты попробуй, сосчитай.

С делом справишься таким,
Вот тогда поговорим.

Взял конторские я счеты,
Вырвал листик из блокнота.

Пододвинулся к вострушке
И давай считать веснушки.

Что за милая работа!
Эх, не сбиться бы со счета.

Утро

В снежной шапке пенек, словно гном.
Гном, скажи мне, куда торопиться.
На полянке, за тусклым окном
Снег белеет и ждет, как страница.

Я сижу за столом, у окна.
Спят вдали от меня мои дети.
Белоснежна вокруг тишина,
И страница — как снег на рассвете.

* * *

Деревянная хоромина, —
Три ступеньки, окон взор.
Запорошенный, огромный,
Подступает к окнам бор.

Где-то льдинка треснет гулко,
Насторожится тотчас
Деревянная шкатулка,
Укрывающая нас.

Дом — шкатулочка резная,
Выструганная хитро́.
Что нутро твое скрывает,
Что таит твое нутро?

Но молчит, в покой уронена,
В белый снег погружена,
Деревянная хоромина, —
Три ступеньки, два окна.

Малеевка, 1978

* * *

При слове хлеборезом состою,
Работаю сурово, без утайки.
В неведомые руки отдаю
Тепло души — нарезанные пайки.

Ржаной ломоть делю с тобой. Бери.
Причастен я к замесу. И к припеку.
Почти не спал до утренней зари,
Упрямые слова впрягая в строки.

И ни при чем как будто дар небес,
И вроде нет резона лезть из кожи,
Но как бушует слов тугой замес,
Когда в опаре оживают дрожжи.

И бег свой к сердцу ускоряет кровь.
В пекарне этой нет прохладной кромки.
Дыханье жара кучерявит бровь,
Ты в это пекло — приоткрой заслонки.

* * *

Земля — огромные шаровые часы,
Которые одновременно показывают
Любое время суток, любое время года.
Сейчас, вот в это мгновение,
На земле есть полдень и полночь,
Весенний рассвет и осенние сумерки.
Наверно, где-то есть радиостанция,
Живущая круглые сутки
В одном неизменном часе:
Она объявляет — сейчас 18 часов,
И вещает для тех, у кого 18 часов.
Через час повторяет на другом языке
Сейчас 18 часов,
И снова вещает для тех, у кого 18 часов.
В земном часовом поясе —
24 дырки.
У земли и у моего мозга —
По два полушария.
Каждый человек живет на одном
полушарии,
Но пользуется — двумя.

***

Теперь забавным кажется обычай,
Теперь наивной кажется пора,
Когда в театре — на заре театра —
Взамен панно, кулис и декораций
Строений пышных, регулярных парков
Стояла деревянная табличка
С невычурною надписью: «Дворец».
И зрители охотно принимали
На веру деревянные скрижали.
Наш век от тех таблиц давно ушел.
На сцене ныне что угодно встретишь:
Не слишком драматург обеспокоен
Дороговизной сложных декораций.
Эскадру, шахту, домну или трактор —
Художник что угодно воплотит.
Убранству сцены хлопают нередко
Усердней, чем играющим актерам.
Зато смотри: ты вышел из театра,
Проходишь мимо серого строенья.
Оно тебя табличкой окликает
И гордо представляется: Дворец
Культуры. Лес тебя встречает вывеской,
И озеро тебя встречает вывеской,
Как будто может щит или таблица
Уверить, вопреки тому, что видишь, —
Что дом — дворец, и что собор — архив.

1971

34

СТРЕЛА

Будильник разумен и звонок.
Остры у него усы.
Отныне смышленый ребенок
Умеет смотреть на часы.

Как только глаза открывает,
На стрелки он смотрит с утра.
И радует, и забавляет
Мальчика эта игра:

Где четверть, а где половина,
Где только минутка прошла.
Он смотрит на цифры невинно.
Летит в неизвестность стрела.

Ему и не снится, наверно,
Что мир он покинет земной,
Внезапно и закономерно
Настигнутый этой стрелой.

НА ПЛЯЖЕ

Я утром вышел на песчаный плес.
У сонных дач еще закрыты двери.
На трех ногах ко мне бездомный пес
Приковылял с мольбой и недоверьем.

Со сбитой шерстью рыжий подхалим
Вилял хвостом и улыбался мудро,
Как будто предлагал: — Поговорим
Про жизнь собачью и про это утро.

Что говорить? Пусть море говорит.
Пусть солнце на рассвете будит краски.
Прибой и небо. Южный колорит.
Зачем нам — о костях и о колбаске?

Пес жался, как некормленый щенок,
И, на ходу зализывая рану,
Был весь — готовность получить пинок,
Посторониться с визгом и отпрянуть.

Как я хотел бы угостить его,
Печального, с таким поджатым брюхом.
А он ко мне приткнулся: «Ничего...
Тогда хотя бы почеши за ухом».

К лохматым потянулся я ушам,
Чуть-чуть боясь случайного лишая,
Мы молча говорили по душам,
Нисколько мирозданью не мешая.

В глазах унес он темную тоску,
Но были в них и светлые накрапы.
Пес уходил по зыбкому песку,
И вязли в нем натруженные лапы.

* * *

Такая, видно, выпала судьба
(А может, участь на гадальной карте?)
Упорно из себя выдавливать раба
По капле, а удастся — и по кварте.

Но как, скажите, столько сил найти,
Где научиться мастерству умельца,
Чтоб выдавить, не чувствовать в пути
Засевшего в тебе рабовладельца?

* * *

Широко раскинув руки,
Лежал я на синей зыби залива.
И белая чайка снизилась
Почти над моим лицом.

Вот так же раскинув руки,
Лежат на поле боя...
И с карканьем налетает
Черное воронье.

У ЗАМЕРЗШЕГО ОКНА

Какая мешанина линий, знаков,
Какая смесь накрапов и царапин,
Мазков и закорючек, начертаний,
Каракулей младенчески наивных
И мастерски блистательных штрихов.
Как много завитушек вдохновенных,
Замысловатых чертежей, узоров,
И клинописи, тайнописи, шифров
В твоих работах на стекле, мороз.

Спрессованы тут в белизне студеной
Танцующие знаки зодиака,
И загражденья из колючки в инее,
Созвездья с неба и звезда Давида,
Коловорот паучий, знак вращенья,
Обворожительная роза мира
И даже Пифагоровы штаны.

Слепят алмазной гранью переливы,
Подвластные изгибам сновиденья,
И каждый волен в этой мешанине
Осмысленное что-нибудь узреть.
Но если вы приникнете поближе
К узорчатой пластине белоснежной
И выдохом горячим и глубоким
Продышите на ледяном стекле глазок,
То, может быть, в магическом кружочке
Удастся вам свое увидеть детство...

* * *

За то, что ночь без боли пролетела
И внятно слуху, как поет труба,
За свет в глазах и за послушность тела,
   Тода раба.

За то, что не прерывисто дыханье
За то, что не оборвана судьба,
Шепчу я благодарно «Моди Ани»,
   Тода раба.

За то, что греет сердце жар Синая,
За участь человека, не раба,
Я «Моди Ани» утром повторяю,
   Тода раба.

ВЫСОКАЯ БОЯЗНЬ

Рэб Залману

Раввины под Любавичскими вязами
Или в тени израильских олив
Учили: человек богобоязненный —
Совсем не тот, кто робок и труслив.

Совсем не тот, кто с гибельными
                                клеймами
Шагает на закланье и убой,
Или с притоком сил самонадеянно
Вдруг возомнит, что он и впрямь герой.

Лишь тот — без суесловия проворного —
Душою будет стоек и могуч,
Кто промысла Его нерукотворного
Сумеет отразить хотя бы луч.

Кто, мудрость обретя в богобоязни,
Не станет горделивостью бряцать,
Без показухи и оглядок праздных
«Побойтесь Бога!» — кинет наглецам.

Раввины под Любавичскими вязами,
В таежных дебрях и в тени олив
Учили: человек богобоязненный —
Совсем не тот, кто робок и труслив.

* * *

Нет целее разбитого сердца.
Ребе из Коцка

Не покой, а нашествие тягот.
Сок кроваво-хмельной будет пениться
Виноградных раздавленных ягод, —
Нет целее разбитого сердца.

Что дрожать над судьбой оболочки?
Никуда от увечий не деться.
Вспомним эти забытые строчки:
Нет целее разбитого сердца.

Обернутся находкой потери,
Отзовется предвестием детство,
И аукнется в пекле артерий —
Нет целее разбитого сердца.

Суккот

Сидим в сукке, как в райских кущах.
Сюда пришли мы из квартир
На праздник дней быстротекущих
И правим свой еврейский пир.

В сукке сквозь стены ветер веет,
Из легких веток потолок.
Но хижина — дворца прочнее,
Когда в ней обитает Бог.

Мои родные, с вами вместе
Я не изгнанник. Не один.
Сижу с друзьями, честь по чести,
Как настоящий суккин сын.

* * *

Пустяк: бывает, сразу не найдешь
Блокнот карманный или ключ от двери,
И вдруг по телу пробегает дрожь
Мгновенным током — это страх потери.

Но вот беда берет нас в оборот.
Теряем то, что нам всего дороже.
Так почему же сжат безмолвно рот
И нет в душе разряда этой дрожи?

* * *

Он в этой жизни делал, что хотел:
Тянул свинину с холодильных полок,
На Пасху не мацу, а хлеб он ел
И говорил, что Бог — не диетолог.

Когда предписано покинуть дом
И на Суккот в шалаш переселиться,
Он отвергал шалаш, деревья, листья
И говорил, что Бог — не управдом.

Мол, дело, видите ль, совсем не в том, —
Не выпить рюмку, не поволочиться, —
Не станет же Всевышний мелочиться,
Как соглядатай или скопидом.

Извилиста житейская дорога,
А путь Всевышнего упрям и строг.
Чудак искал покладистого Бога,
Чтоб легче с Ним договориться мог.

За что со мной?

Еще один — стоит, подмятый
Внезапно грянувшей бедой.
Бубнит растерянно, невнятно:
— За что со мной? За что со мной?

Над ним крыло несчастья реет,
Ему не мил весь белый свет
За то, что в этой лотерее
Он вытянул такой билет.

Смотрю. Сочувствую. А все же
В иные мысли погружен:
Сам удивляюсь, но, похоже,
Что он мне чуточку смешон.

Ну, да, бунтует он так страстно
В своих «за что?» и «почему?»
Не против самого несчастья —
За то, что выпало ему.

Не то, что хочет груз свой сплавить
На чьи-то плечи, в дом иной.
А все твердит, терзая память:
— За что со мной? За что со мной?

Но словом, что нужнее хлеба,
Нет сил вмешаться в этот бред.

А я ли в этой шкуре не был,
Не вытащил такой билет?

И что ж, зажатый в черный угол,
Я уподобился ему?
Нет, не стонал. Я молча думал:
«За что со мной? И почему?..»

* * *

Я жить хочу, хочу печали,
Любви и счастию назло...
М. Лермонтов

Дай мне, жизнь, изведать все тревоги,
Милость свою высшую яви.
В ноги кинь тернистые дороги,
Горестями мира сердце рви.

Жми и не давай мне забываться,
Чтоб не пропустил случайно я,
Может быть, важнейшего абзаца
В неохватной Книге Бытия.

Прочь поблажки. Мне не надо спуску.
И не выгораживай меня.
Но...
        подай мне всю эту закуску
Лучше где-то с завтрашнего дня.

1972

Покаяние

Не обижайся, ангел мой хранитель,
Раскаянье, как боль, мне душу жжет.
Отваги, бесшабашности любитель,
Тебе я много доставлял хлопот.

Пригубив терпкого напитка кружку,
Без опасений, в молодом пылу
Я голову склонял не к той подушке,
Садился гостем не к тому столу.

И верил в самозванное ученье,
И безоглядно рисковал собой,
А мамины невзгоды и мученья
Увязывал с мещанскою судьбой.

Не обессудь, усталый мой хранитель,
Что в потасовку я встревал, когда
Иной смельчак в сторонке, словно
                                                зритель,
Держался в те опасные года.

Порой не тем протягивал я руки...
Не искушен, доверчив и упрям,
Я наступал на пляшущие люки,
И ты меня вытаскивал из ям.

Крылатый друг мой, неотступный гений,
Нелепые припоминаю дни, —
Ты с настоящим ангельским терпеньем
Спасал меня из давней западни.

Прости. Прости, пречистый мой хранитель,
Мой терпеливый, неотступный мой.
Пусть твой соперник, ангел злой — губитель
Еще не скоро свидится со мной.

ПАМЯТИ МАМЫ

Вот вернусь из скитания в мире
(Промедленья себе не прощу),
На квартале сто двадцать четыре
Тихий холмик я твой отыщу.

С корнем выдерну стебли репея,
В изголовье сирень посажу.
От вины и печали немея,
Что же я тебе, мама, скажу?

Что до боли сжимается сердце,
Как припомнится перечень бед —
От сиротства, что выпало в детстве,
До сиротства на старости лет.

Всем служила и всем уступала.
Вечно — белкою в колесе.
Больше всех на свете страдала,
Меньше радостей знала, чем все.

Сновидение — пытка и милость...
Мама, вновь ты уходишь скорбя.
Никогда мне так часто не снилась,
Как теперь, когда нету тебя.

Как я скупо жалел тебя, мама,
Как нелепо тебя огорчал...
Протянулся пронзительно прямо
Заселившийся мамин квартал.

* * *

Суд совести и гласности прозрачность,
Прожорливость огня и таинство проклятья,
Река забвенья и оскал могилы,
Вы живо предстаете предо мной...

Предать суду былые заблужденья.
Грехи бесстрашно гласности предать.
Предать огню незрелые записки.
Забывчивость проклятию предать.
Предать земле прискорбный прах утраты.

Предать. Предать. А что еще? Предать.

Но предавать себя, свой род, своих друзей?
Не дай нам Бог.

МАТЬ ТЕРЕЗА

Светлой памяти Леночки

Сиротство, бедность, нищие погосты —
Вся боль земли душе ее сродни.
Что заманило мать Терезу в Бостон?
Ответить не берусь. Но в наши дни

Старушка в Новой Англии гостила,
Вникала в здешнее житье-бытье
И состраданьем чутким осветила
Сердца людей, увидевших ее.

Ты помнишь день — июньский,
                        раскаленный,
Толпа бурлила, как водоворот.
Ворота семинарии Сент-Джона.
Лужайка. Мать Тереза. Вертолет.

— Она святая? — прошептала Меги.
Словам ребенка улыбнулась ты.
Вся наша жизнь — от альфы до омеги —
Предстала вдруг в сиянье доброты.

И хоть живых не признают святыми, —
Немыслима при жизни эта честь, —
Сказала ты: «Как хорошо, что в мире
Старушка эта маленькая есть».

Ты знала, что Тереза — не икона,
Не исцеляет наложеньем рук.
А в мыслях билось: «Может, благосклонно
Каким-то чудом облегчит недуг?..»

Она тебе дала благословенье...
В пурпурном одеянье, кардинал
С почтением и бережным волненьем
Терезу к вертолету провожал.

Надеждой робкой тронул наши души
Нежданной встречи памятный обряд,
Благое слово маленькой старушки,
Ее тревожный, виноватый взгляд.

1996

Щенок

Воспоминанья разрывают сердце,
Воспоминаньям этим нет конца.
Мне старший друг рассказывал о детстве,
Как давней ночью увели отца.

Был долгий обыск, были слезы женщин
И дворника испуганный кивок.
Что происходит? Этого, конечно,
Тогда и взрослый осознать не мог.

Навет? Неразбериха? Наказанье?
Насилия жестокого разгул?
Чуть улыбнулся папа на прощанье,
Задумчиво свой китель застегнул.

Отец не стал с мальчонкой обниматься,
Лишь боль струилась из-под вспухших век.
— Смотри, щенок, не вздумай отрекаться!
Отец твой, помни, честный человек.

Картины детства оживают снова.
Предстанут — и подкатывает ком.
Зачем отец прощался так сурово?
За что в ту ночь назвал его щенком?

Предостеречь хотел? А может статься,
Застраховать от подлостей навек?
— Смотри, щенок, не вздумай отрекаться!
Отец твой, — помни, честный человек.

* * *

Отец за блудным сыном не гонялся,
От горя спотыкаясь у крыльца,
Когда неумолимо удалялся
Любезный сын от своего отца.

Что проку плакать? Сердце рвать на части?..
Беспомощны тут слезы и слова.
Что ж, пусть он без отца поищет счастья.
Слезам не верят дети. Как Москва.

Отец за блудным сыном не гонялся,
Когда тот шел в шинок или в притон.
Душой скорбящей он за сыном рвался,
Но вслед летел лишь еле слышный стон.

Не думал сын, что он лишен отныне
Заступника и друга — до конца,
И радовался в суетной гордыне,
И в снах не видел седины отца.

* * *

Вы вылитый Спиноза,
особенно со спины.

Из разговора

Сидел бы ты, Спиноза,
И линзы шлифовал.
Не стал бы занозой,
Изгоем бы не стал

В свою трубу подзорную
Следил бы ход светил,
И на скамью позорную
Вовек не угодил.

Что толку — жечь общину
Огнем твоих идей?
Все шло бы чин по чину
У деловых людей.

Сидел бы ты, Спиноза,
И линзы шлифовал.
Не стал бы ты занозой,
Копил бы капитал.

РАЗВАЛИНЫ

Следы засыпанной криницы,
Замшелой крепости зубцы,
Пороховые погреба, бойницы,
Таранов смятые торцы...

Как уцелели эти арки,
Обломки стройные колонн, —
Далекой старины подарки,
Посланья сгинувших времен?

В них наяву, не на бумаге,
Касаясь сокровенных струн,
Вдруг оживают мифы, саги,
Созвучья скандинавских рун.

Развалины старинной кладки,
Они с достоинством стоят,
Таят загадки и отгадки
И клады скрытые таят.

Но, Боже правый, как печален
Вид человеческих развалин...

КАНТ

*(Философская беседа
в Бостонском институте Гете)*

В урочный час — десятки лет —
Какие дни ни налетали,
Шагал он в университет,
И по нему часы сверяли.

Казалось, мирозданья ось
Слышна ему: мыслитель, книжник.
Стучала по брусчатке трость,
Стелился под ноги булыжник.

И островерхий Кенигсберг —
Дворцы, бирзалы, кирхи разом
Смотрели вслед: как фейерверк
Над ним клубился чистый разум.

Учил он истине простой:
Нет в мире красоты прелестней,
Чем нравственность в душе людской
И ход созвездий в поднебесье.

Хоть день грядущий — «вещь в себе»,
Сокрыт, как музыка в клавире,
Философ, вопреки судьбе,
В войну писал о вечном мире...

Он, дни свои опередив,
Долг человека исторический
Провозгласил: императив!
Императив — категорический.

Нас ныне вопрошает Кант:
Скажите, люди, Бога ради,
Кто я сегодня? Квартирант
В неведомом Калининграде?

ПОСЛАНИЕ

Где годы виднее? В глазах, затаивших
                                    печали?
В чеканке обличья, которую сами куем?
По лицам друзей, которых давно не
                                    встречали,
Свой истинный возраст точнее всего
                                    узнаем.

Далекие приятели и сверстники!
Сражаясь, отцветая, веселясь,
Не увядайте долго, как бессмертники,
Незрима и прочна меж нами связь.

И как бы жизнью ни были мы молоты,
Я вас прошу, волненья не тая:
Друзья мои, подольше будьте молоды,
И вместе с вами молод буду я.

МУРЕ

Тамаре Оржеховской

Здравствуй, моя Мура, здравствуй, дорогая,
Век наш приключеньями богат.
Дом твой в Кишиневе нашей был малиной,
Мы с тобой читали самиздат.

В тайных разговорах встречи проходили,
Обсуждали острые дела.
Каберне мы пили из больших бокалов
Звонкого богемского стекла.

А теперь мы в Штатах славно срок мотаем,
Как свои за праздничным столом.
С Новым Годом, Мура, Мурка дорогая,
Мы в тысячелетиях живем.

2000

КАК ЦОРЕС ПРЕВРАТИЛСЯ В НАХЕС

Нэле Кармазиной

Нэля, может, много лет пройдет
С взлетами и копошеньем в прахе,
Но не позабудется твой кот —
Бывший Цорес, позже ставший Нахес.

60

Раньше был бродяга он и вор,
Вроде уголовников с окраин.
Вечно вел жестокий разговор
С ним обескураженный хозяин.

Кот тигровой масти был упрям,
В ход пускал и когти он, и зубы.
С гневом и усмешкой пополам
Цореса отдал хозяин грубый.

Ты его взяла в свой добрый дом,
Ты его теплом души согрела.
И ни разу шваброй иль прутом
По спине тигровой не огрела.

Цорес был затравлен и угрюм —
Шкода, несговорчивый зверюга.
Ты в нем пробудила добрый ум,
Дикаря ты превратила в друга.

В обстановке ласки и забот,
Где не рубят голову на плахе,
Дикий Цорес стал совсем не тот,
Цореса теперь зовешь ты Нахес.

Для друзей, как Ариадны нить,
Доброта твоя и мудрость, Нэля.
Если б Цорес в Нахес превратить
Все мы научились и умели.

29 августа 2004
Филадельфия

61

ТЕБЕ, ЛАНОЧКА

Светлане Буринской

Моя любимая художница,
Угадчица глубин моих!
Мне все твои творенья помнятся,
Мне памятен твой каждый штрих.

И кишиневское наследство —
В молдавском небе журавли,
И домик сновидений детства,
Что на другом краю земли.

Твои ромашки, плющ, настурции,
Твои модели — на года.
И затаившей страсть натурщицы
Застенчивая нагота.

Твоя черта летит стремительно,
Живет и дышит колорит,
Палитра — радугой подпитана ,
И жизни жар в цветах горит.

Заветным тайнам нет огласки,
Их не откроешь всем подряд.
Но линии твои и краски
Так много сердцу говорят.

Не мастерица многословья,
Распахиваешь душу ты,
Когда талантом и любовью
Твои расцвечены холсты.

И как бы ни текла сурово
Изменчивая наша жизнь,
Ты в радость окунаешь снова
Свою натруженную кисть.

ВЕЧЕР В ЯПОНСКОМ РЕСТОРАНЕ

Эдику

Шумел бамбук, а гейши гнулись,
Несли закуски и саке.
«Лехаим!» — чокались евреи
В одном японском кабаке.

Отведав ножку осьминога
И хвост копченого угря,
Любой, пожалуй, был уверен,
Что в этот мир пришел не зря.

А тут к столу подали лобстер,
Тот самый лобстер, что омар,
И с ним по нежности сравниться
Не мог бы сам Хайам Омар.

Вином пельмени запивали.
Веселый пир пылал костром.
Шутили, пели и смеялись:
«Лехаим! Однова живем!»

Просили все: «Ну, спой нам, Эдик!
Ты — самурай наш, Эдик-сан!»
И он запел по-самурайски.
В восторге замер ресторан.

Одна возлюбленная пара,
Оставив, блин, бокалы впрок,
Самозабвенно целовалась.
Прости ее, японский бог.

Шумел камыш, а гейши гнулись,
Несли закуски и саке.
«Лехаим!» — чокались евреи
В одном японском кабаке.

Оле Тиховской

Оля милая с улицы Роз,
Правдолюбка, гордячка, шутница,
Через сколько барьеров и гроз
Ты прошла, чтобы здесь очутиться?

Помнят Долнинские соловьи
И в лесочке — родник Земфиры
Молодые шаги твои,
Поиск смысла, гармонии мира.

Помнят старые монастыри —
Варзарешты, Каменка, Курки —
Посиделки твои до зари,
Споров жар, каберне, окурки.

Из сиротства, прописок, войны,
Из хрущобных кухонь и спален
Вышли мы, крепостные страны,
Оказался наш путь глобален.

МОНТЕСЕЛЛО

В горах Касткильских жили мы
Одну июньскую неделю.
Дышали воздухом лесным,
Нас пробуждали птичьи трели.

И дятла отдаленный стук
Катился к нашему порогу,
И шустрый рыжий бурундук
Перебегал через дорогу.

Не шли к нам вести о войне
И о потерях бюллетени.
Зато мы видели в окне,
Как приближаются олени.

Вдали от грохота метро,
В лесистом, тихом Монтеселло
Мы рассуждали про добро,
Но зло всплывало то и дело.

К нам забредал охотник Билл,
Мы на веранде пили, ели.
Билл о трофеях говорил,
Показывал свой лук и стрелы.

Его беззвучный самопал,
Стрела прицельная, тугая,
Медведя валит наповал,
Индейку на лету сбивает.

А что же там, вдали от нас,
В усталом, воспаленном мире?
Ирак горит? Вопит Хамас?
Кого велят мочить в сортире?

Какой творится тарарам,
Что варится на белом свете?
Безмолвен лес. Молчит экран.
Сенсаций нет в лесной газете.

Ген альтруизма

Борису Фуксу

Из сушняка и бурелома
Соорудили мы костер.
Плясал огонь. Про власть генома
Завел он тихий разговор.

Как музыки вселенской гаммы,
Он извлекал из тайных нот
Заложенные в нас программы
И генов сокровенный код.

Густела тьма в межзвездной стуже.
Поведал он мне у костра,
Что в человеке обнаружен
Ген альтруизма, ген добра...

Исследователь мирозданья,
Скуп на слова, в сужденьях строг,
Друг сделал у костра признанье,
Что этот ген ему — как Бог.

Касткильские горы,
Монтеселло.
15 июня 2007

Романс

Что делать? Я уже не молодой,
И осень подступает к изголовью.
Мои года смеются надо мной,
Но я живу, поддержанный любовью.

Что мне сказать насмешливым годам?
Не вы меня, а я судить вас буду.
Свою любовь забвенью не отдам,
И ран сердечных тоже не забуду.

Вы, годы, обступившие меня, —
Как на подбор, безжалостны и круты,
Послушайте, мы вроде бы родня,
Так что же вы спешите, как минуты?

Ты, здравый смысл, любви не прекословь
И не тверди про сердце и здоровье.
Быть может, я последнюю любовь
Возьму с собой в последнее зимовье.

Ах, цветочек луговой...

Сыпь, гармошка, песню пой!
В стороне былинной
Жил цветочек луговой,
Чистый и невинный.

Скромный луговой цветок —
Без букетной славы.
Рос и умножал, как мог,
Красоту державы.

Под березкой расцветал,
Радовался солнцу.
Ни хрена он знать не знал
Про полоний, стронций.

Так на белом свете жил
Луговой цветочек,
Аромат в себе копил,
Жил без заморочек.

Ах, цветочек луговой,
Лепесток летучий,
Почему же над тобой
Так клубятся тучи?

Почему вокруг тебя
Гуще сумрак мглистый?
Кто хранит тебя, любя,
Нежный и пушистый?

Что тебе, мой луговой,
Будущее прочит?
Ты рискуешь головой,
Луговой цветочек.

EMAIL

Дни бегут, летят недели.
Дорогая, как живешь?
Я пошлю тебе Емелю,
Ты Емелю мне пришлешь.

Я — на западе планеты,
Ты — за тридевять земель.
Но бегут по белу свету
Сотни посланных Емель.

БУКВА Ё НА ПЬЕДЕСТАЛЕ

Ты не редька, ты не брюква,
Не какой-нибудь там хрен,
Дорогая наша буква,
Нашей речи милый член.

Ёлки-палки, ё-моё,
Без тебя мне не житье.

В жарком деле, в людном вече
С нами Ё, на том стоим.
Мощно наше красноречье
Двоеточием твоим.

Ты нам друг, как водке — клюква,
Как казаху — бешбармак,
Дорогая наша буква,
Нашей речи милый знак.

Мы с тобой непобедимы,
Ё, моё житьё-бытьё,
Без тебя, как сиротины,
Горе мыкаем своё.

Не дадим тебя в обиду.
Будешь жить у нас на «ять»,
В самом полноценном виде,
С точками, ядрена мать.

Точки над тобой поставим,
Будем честь твою беречь.
Ты нам даришь мощь и славу,
Украшаешь нашу речь.

Оттого народ прославил
Ё, сокровище своё.
Хороша на пьедестале
С двоеточьем буква Ё.

Ёлки-палки, ё-моё,
Без тебя мне не житье.

НЕТ, ВЕСЬ Я НЕ УЙДУ...

Враги, уймитесь, прекратите вопли,
Я не пойду у вас на поводу.
Не клевещите, зря не жуйте сопли,
И так и знайте: весь я не уйду.

Хоть землю ешьте из горшка с цветами,
Не сковырнуть меня и вертикаль.
К Олимпиаде властными шагами
Веду державу в сочинскую даль.

Как раб, на государственной галере
Я греб и греб, к тому ж еще пахал.
Я сохраню и в должности премьера
Ура-патриотический оскал.

Нет, весь я не уйду, пока в подлунном мире
Меня по-царски продолжают чтить,
Пока я злопыхателей — в сортире
Могу найти и замочить.

Мне русский дух, и газ, и нефть привычно
Приумножать, крепить святую Русь.
Я, может быть, и удалюсь частично,
Но ни за что я весь не уберусь.

2008

74

АМЕРИКАНСКАЯ УЛЫБКА

Иду по улице к трамваю,
Я по Америке иду.
Меня улыбкой одаряет
Американка на ходу.

Улыбок рой летит, клубится,
Как ранней вишни лепестки.
Улыбки гнезда вьют, как птицы,
Порхают, словно мотыльки.

Тепло людское вас коснется
В толпе машин, отвесных стен,
Когда вам просто улыбнется
На перекрестке полисмен.

Но что за пустозвон отпетый,
Улыбка, про тебя сказал,
Что ты совсем не знак привета,
Что ты — ужимка и оскал?

Иду по улице к трамваю,
Я по Америке иду.
Меня улыбкой одаряет
Американка на ходу.

СВЕЧА

А если бы пирог испечь,
На пироге расставить честно
Колонну именинных свеч,
Свечам, пожалуй, будет тесно.

Откуда столько? Лишь вчера, —
Ты помнишь наш недавний ужин? —
Была беспечная пора,
С лихвой хватало пары дюжин.

Но словно груз минувших лет,
Где вдоволь тьмы и просветленья,
Все тяжелей свечей пакет
К очередному дню рожденья.

* * *

После пира молодецкого,
Стаи пролетевших дней,
Попаду я в дом Станецкого
Для отправки в мир теней.

Я не жду, что будет спрошено
Там, куда придет душа.
Разойдемся по-хорошему... —
Улыбнусь я, чуть дыша.

Ладил с веком? Жил с любовью?..
Что слова? Мудрей, чем речь,
Свет меноры в изголовье —
Семь моих заветных свеч

Трехстрочия

МОРЕ

Из космоса земное наше море —
Что капля ртути из разбитого термометра,
А на земле оно огромно, как любовь.

РАЗГАДКА

О чем все время море говорит?
Я понял тайну: глубже книг, трактатов
Оно вещает людям о свободе.

Следы

Прибой залижет золотой песок,
Где пятипалые мои следы
Смешались с клинописными следами чаек.

Ныряльщик

Под толщей воды, на кафельном дне бассейна
На осевшей мути пальцем было написано:
«Люблю тебя, Лена».

КАПЛЯ

С тающей сосульки сорвалась капля
И упала на голову. Он огорчился:
Весна напомнила ему, что он лысеет.

ДЕРЕВЬЯ НА СКЛОНЕ ХОЛМА

Первой зеленью вешней деревья кудрявятся.
Что за пряди седые в зеленых кудрях?
Это вишни цветут, абрикосы...

УТРЕННИЙ САД

Роса на ветках зеленых.
О, зона
Озона!

ГОРОДСКАЯ КАРТИНКА

Восстанавливается церковь. Серебрится
                              новый купол.
На кончике шпиля, пока не приладили крест,
Примостился дикий голубь.

ШТЕФАН ЧЕЛ МАРЕ

Опираясь десницей на свой натруженный меч,
Крест поднял воевода над увенчанной головой.
Что есть крест? Перечеркнутый меч.

ПУШКИН

Если бы у солнца был день рождения,
Мы бы его отмечали,
Не правда ли?

81

Тополиный пух

Метель тополиного пуха клубится
На улицах, лицах, ресницах.
И у каждого рыльце в пуху.

Мирный атом

Сквозь облако Чернобыля мерцает
Библейская звезда Полынь.
Чернобыль. Чур!.. Но — быль.

Бычье сердце

Мясистый крупный помидор...
Названье сорта — бычье сердце.
Ну, прямо приз тореадору.

На цветочном базаре

Куплю цветы — не самые роскошные,
Но самые душистые из всех:
К незрячей женщине я в гости приглашен.

Из окна самолета

Хороши облака, когда смотришь с земли:
То верблюд пролетит, то жар-птица.
А с изнанки они — белоснежная скучная вата.

Сестры

К сожалению, нет у меня сестры.
Но однажды я выступал в медицинском
                                        училище,
В тот час у меня было больше двухсот сестер.

Этюд

Шахматист обезумевший вообразил,
Что конь у него на носу
Делает вилку на оба глаза.

Осень

Сквозь узкую щель для писем
Влетел в мой почтовый ящик
Желтый кленовый лист.

КЛАДБИЩЕ

Надгробья так тесно стоят рядами,
Как койки в убогой советской общаге.
Общежитие. Общесмертие...

НЕДВИЖИМОСТЬ

Владеете ли вы недвижимостью?
Да, пожалуй, владею. Могила моей мамы —
Вот моя недвижимость.

1986

ASKING LETTERS

America, USA. Ten letters.
I look with love at these letters.
What covered sense could I extract from them?
What words could I construct combining them?
I, a New American, who recently came
To these shores,
Poor polyglot
With four other languages,
But with zero English.
At the first look I noticed:
Samurai, mark scars, amuse...
No, I want something closer.
No, I want something deeper.
Help me, my imagination.
Finally the ten letters gave me their covered sense.
USA, America! *Amica mea, musa mea.*
It means in Latin:
America, my beloved, my muse...

Дневниковины

Когда я еще учился в родной Бессарабии и с юным пылом носился вверх и вниз по лесенкам стихов горлана-главаря, как по широкой мраморной лестнице в нашей школе имени Пушкина, сочинилось у меня, так сказать, программное четверостишие, которое я занес в свой первый «тайный» дневник:

С мольбою,
      гордому непристойной,
Мне,
    в жизнь идущему
        с вопросов ношей,
Хочется крикнуть
      какой-нибудь стройной:
— Люби меня,
      я хороший!

Остался этот призыв не услышанным или был услышан, сейчас не об этом речь. С годами заметил, что в моих блокнотах, тетрадях, на случайно подвернувшихся клочках бумаги то и дело появляются строки с явно выраженным дневниковым характером. Своего рода *дневниковины.*

Не обошли меня и раздумья о пятой графе, «инвалид» которой готов был, согласно давней шутке, поменять свою графу на две судимости.

Эти строки — подчас мимолетные признания, заметки на полях, эпиграммы, суждения по поводу прочитанного, увиденного или услышанного. Короче говоря, искорки опыта, зарубки на память, выжимки из дневника.

Многие стишки затерялись. Но в блокнотах, тетрадях, на полях рукописей немало их сохранилось. Они сопровождали меня всю жизнь — в советские годы, в перестроечные, а когда ступил на американскую землю, и тут их шлейф тянулся за мной. Мне казалось, что эти побочные, порой случайно возникавшие строки, — своего рода записи для себя, хотя, случалось, показывал я эти дневниковины близким людям, иногда печатал.

г. Сороки. Молдова. 1950

90

Было дело, несравненная советская цензура опрометчиво пропустила в печать мое ироническое четверостишие, в котором говорилось о двух Бегунах (фамилия выразительная!): один из них был диссидентом-отказником, борцом с тоталитаризмом, другой, наоборот, был охранитель и услужливо охаивал сионизм. С точки зрения системы, именно он-то и считался борцом со злом. Из этой двойственности и возникла шутка.

Один Бегун — боец, трибун.
Другой Бегун — болтун и лгун.
На трассах беговых страны
Разнообразны Бегуны.

Такая констатация «разнообразия» бегунов, видимо, отдавала веселой крамолой. Мой друг, математик Александр Маркус, говорил мне, что нашел эти строки переписанными в записной книжке его мамы, Фани Марковны, учительницы литературы. Значит, кому-то это забавно, подумал я.

Собранные здесь строфы я оставил в некоторой первозданной разбросанности, непричесанности. Вся эта окрошка, никуда не денешься, — тоже грань моей жизни.

* * *

Пока еще живу на свете,
Облечь бы в слово, не греша,
Что удалось тебе подметить
В блужданиях, моя душа.

* * *

Я в поисках бессмертья не усерден.
Мои горшки не обжигали боги.
Пока живу, я временно бессмертен,
А жизнь сама рассудит, что в итоге.

* * *

Чтоб у меня, ничтожного
Были не мысли, а помыслы,
Нужен промысел Божий,
А не земные промыслы.

***

На дутую славу не зарюсь,
Живу терпеливо на свете.
Мой обезветренный парус
Еще нащупает ветер.

21-му веку

Да, век двадцатый был такой-сякой,
Но лет и зим он мне отмерил щедро.
Не допустил ко мне каргу с косой.
А сколько ты мне выдашь, двадцать первый?

Юбилейное

Страсти, порывы былые
Не догорели дотла.
Годы еще — пожилые,
Старость еще не пришла.

***

Когда событий жернова
Нас перемелют в горстку пыли,
До чьей души дойдут слова:
«Мы жили-были... Мы любили...»

О СЕБЕ

Порою, «умник высшей пробы»,
Из двух зол — выбираю оба.

***

Мне изменяли и родные стены.
Порой любовь плутала и чудила.
Но не пришла последняя измена,–
Нет, память мне пока не изменила.

***

Не может стать реальностью утопия.
Но в той утопии чуть не утоп и я.

НАВОДНЕНИЕ

Картина детства в памяти жива:
Днестр набухает, в дом потоки
рвутся...
И мамины — на выдохе слова:
— Вода проходит, камни остаются.

* * *

Прерывист мой голос, негромок,
Но я благодарен судьбе,
Как говорящий ребенок
В глухонемой семье.

ЗНАКОМЫЕ АКТИВИСТЫ

Мне — ставили подножки и барьеры.
Они — взмывали на волне карьеры.
Мои мечты в той западне не гасли, —
Они же — точно сыр катались в масле.
Теперь кричат, что их лишали прав,
Мои невзгоды у меня украв.

95

* * *

Листая давние труды,
Наткнулся я на фразу:
Не пробуй глубину воды
Двумя ногами сразу.

* * *

Наших судеб орбита — петля.
Мир безумен. Что наши старания?
Неужели планета Земля —
Сумасшедший дом мироздания?

* * *

Начальник бытия, Ты — управдом Вселенной,
Директор всех миров, всех партий Ты —
                                    генсек,
Всевышний командарм, Создатель
                              вдохновенный.
Ну, кто я пред Тобой? Всего лишь человек.

* * *

Я чту мастерство твое, человек,
Но помню о фактах странных:
Любитель — построил Ноев Ковчег,
Эксперты — воздвигли «Титаник».

* * *

Я исследовал этот вопрос,
На себе эту правду проверив:
Если юность — венок из роз,
Старость — это корона из терний.

* * *

Ночь бессонна. Рвутся мыслей клочья.
Все же представляю я с трудом:
Если мне не спится даже ночью,
Как смогу уснуть я вечным сном?

Люде

Когда проходит час беды
И отступает злая сила,
Мне кажется, что это ты
Меня у Бога отмолила.

* * *

Ты свет любви, исток добра,
А без тебя галактика —
Всего лишь черная дыра,
Унылая ГУЛАГтика.

* * *

Взял бы на себя я, — ты не смейся, —
На тебя нацеленные беды,
Как эсминец прикрывает крейсер,
На себя приняв удар торпеды.

* * *

Люблю тебя, жена моя, мой друг.
Ты — жизнь моя, родной, желанный дом.
Прибил я твой отломанный каблук,
Чтоб быть и впредь под этим каблуком.

* * *

Вползает в душу страх тайком.
Что с милой? Не унять тревогу.
Но я не нытик, слава Богу.
Не буду думать о плохом,
Чтоб злу не подсказать дорогу.

* * *

Медсестра несет скорей
Облегченья тонкий лучик
Не тому, кому больней,
А тому, кто стонет лучше.

СТАРИННАЯ МУДРОСТЬ

Топор не срубил бы дерева, —
Ни одного, ни тысячи, —
Если б до этого дерево
Не дало ему топорище.

* * *

Листопад вступает в силу,
Осень стелется к ногам.
Я бреду с подружкой милой
По листве. Шурши, ля фам!

* * *

Портят нам жизнь, к сожалению,
Уживаясь спокойно,
Глобальное потепление
И холодные войны.

* * *

Старый бабушкин совет...
В памяти он свеж:
«То, что можно развязать, —
Никогда не режь».

* * *

Субботник забыт давно.
Давно живем не по Ленину.
А в памяти тащим бревно,
Не бревно, а поленину.

СТРАНА

Здесь в небо взмывают ракеты,
Здесь намывают золото,
Здесь отмывают деньги,
Здесь промывают мозги,
А еще говорят — немытая.

* * *

Сулили братство
Нациям и странам,
А вместо братства —
Привели к братанам.

НАЦИОНАЛЬНЫЙ ЛИДЕР

Глава страны, верховный командир
Провозгласил: «Мочить врагов в сортире!»
Россия вся — ему сплошной сортир.
И, как в сортире, он шурует в мире.

* * *

Задавало раньше тон Политбюро, —
Архи-плуты, не Периклы, не Плутархи.
А теперь в верхах Митрополит-бюро, —
Ряженые псевдо-иерархи.

* * *

Помню, помню пик застоя,
Наши споры и запои,
Повседневье в Подмосковье,
Помесь творчества с любовью.

Ноябрь в Бостоне

Гаснут факелы пылающих дерев
И кустов неопалимые купины.
Дождь и ветер, позолоту с них стерев,
Множат тусклые предзимние картины.

* * *

Проспать рассвет без сожаленья? Либо
Из дома выйти в утренний свой путь,
Остановиться под цветущей липой
И запах липы глубоко вдохнуть?

* * *

Мне снова жизнь отрадна и желанна,
Когда в наш Бостон, в парки и сады
Доносит свежим ветром с океана
Соленый запах вспененной волны.

* * *

Завершив перелет беспосадочный,
Что увидел я? То же клише —
О загадочной, очень загадочной,
Сверх-загадочной русской душе.

* * *

Теперь мы в своей конгрегации,
В американской жизни, —
Разных волн эмиграции
Взметенные штормом брызги.

Эвтаназия

Маялась сердцем больная.
Жгло и кололо в боку.
— Доктор, я умираю...
Врач утешил: — Сейчас помогу!

* * *

Когда беда гнетет
И виден жизни край,
Я мамину молитву вспоминаю:
— Господи, пугай меня, но не карай.

* * *

«Око за око...» Конечно, мудро.
Но есть и подходы другого рода.
Еврей на приветствие: «Доброе утро!»
Вам пожелает: «Доброго года!»

* * *

Ты действуешь, смерть, как пройдоха.
Крадешься, как гангстер и тать,
Чтоб воздух последнего вдоха
У бедного сердца отнять.

* * *

Звучит и во мне осторожности писк:
«Не подходи к обрыву близко!»
Но самый позорный на свете риск —
Не брать на себя никакого риска.

* * *

Там, сверху, гром и суета.
Летят авто. На праздник. В гости.
Под черной радугой моста
Один — в грозу — стою в подмостье.

* * *

И опять ранним утром проснусь я,
И в окошке поймает мой взгляд, —
Пролетают дикие гуси,
К Мади-ривер гуси летят.

* * *

Если грянула беда,
Спаси, соленая вода.
Соль, смывающая горе:
Слезы, пот. И — море.

* * *

Спешишь ли утром на трамвай
Или бросаешь взгляд нечаянный,
Тебе кивнут с улыбкой: «Хай!»
И ты — приветливо охаянный.

* * *

В том-то и дело... Не слишком ли много?
За две недели — три некролога.
Три провожания. Без возвращения.
Строки прощания. Вздохи прощения.

* * *

Летят сквозь невзгоды судьбы моей
                                        годы.
Для времени нет нелетной погоды.

БЕСПРЕДЕЛ

Раньше знали коммунары:
Кому — лавры, кому — нары.
Ныне — новые навары:
Воры едут на Канары.

* * *

Где ставился дикий опыт?
На почве какой возник?
ЕврАзия или Аз —...опа?
Азопа. Тот материк.

* * *

Тускнеет белый свет
В безрадостный момент,
Когда «менталитет» —
От слова «мент».

В ГУЛАГе

Немой зэка на нарах мыкал горе.
Чем он начальство разъярить посмел?
Записано в судебном приговоре:
«Зубами оскорбительно скрипел».

* * *

Есть поверье в подлом мире:
Чтобы выжить, надо тырить.
Тырь на складе, тырь в конторе,
Тырь на суше и на море.
Даже в храме Бога тырь,
Вот тогда ты богатырь.

ЛЕНОЧКИНА ШУТКА

В глубинке, где-то в Любани,
Есть мудрецы, ей-богу:
Построили новую баню,
Раздевалку — через дорогу.

В ДАЛЬНЕМ ЦАРСТВЕ-ГОСУДАРСТВЕ

Там крутые господа,
Вор сидит на воре.
Там и горе — не беда,
И беда — не горе.

* * *

На шестой части суши
Домом служил мне мирок,
Где стены имеют уши,
А дверь имеет глазок.

БАСМАННЫЙ СУД ВРЕМЕН ПУТИНА

Столько горя окаянного,
Столько жгучего стыда —
От опричника Басманова
До Басманного суда.

* * *

Худо, елки-палки, работать из-под палки.
Худо, если ставят вам в колеса палки.
Палку перегнули. Палку не догнули.
Наши погонялы могут ли без палки?

* * *

Жокей не гарцует к подружке,
Не катит турист в фаэтоне.
Остались в Российской конюшне
Одни Троянские кони.

Мы

В цирке Страны Советов
Смотрела безропотно публика,
Как рукава от жилетов
Жонглируют дыркой от бублика.

ВЕСТИ ИЗ ПОКИНУТОЙ СТРАНЫ

Тот рано умер, как герой в романе.
Тот дом купил. А тот сошел с ума.
Страницы, не дописанные нами,
Дописывает жизнь сама.

* * *

Наша Арабевшая планета —
Галерея живописи, цвета.
В ней картины, памятники, фрески.
Темные теснят их арабески.

ЛЮБЛЮ БЕЗ «ПАМЯТИ»

Сквозь гул газет, журнальной замяти
Явились вдруг слова простые:
— О, ненаглядная Россия,
Люблю тебя без «Памяти».

1980

113

* * *

Хорошая память должна быть
                           у лжеца.
Хитрый нюх, наблюдательность —
                           у попрошайки.
Тайны соблазна — у заезжего
                           молодца.
И у всех вдобавок — умение
                           сказывать байки.

В БЫВШЕМ СССР

Не живется нам сытно и мирно,
Меркнет свет в глубине сердец:
То Чернобыль, то Черномырдин,
Черносотенцы, наконец...

* * *

— В окопах нет атеистов, —
Ветеран мне поведал однажды. —
Шквалом огня освистан,
О Нем вспоминает каждый.

* * *

Парадоксальный случай?
Верно художник сказал:
— Чтобы видеть лучше,
Я закрываю глаза.

* * *

Из гордецов, жрецов искусств,
Вельмож, обласканных судьбой,
Скажите, кто сильнее пуст,
Чем тот, кто полон лишь собой?

ОБОРОТИСТЫЙ АВТОР

Он от всего имел навар:
От хитрых свар и женских чар,
От лагерных, барачных нар
И от фрондерства показного,
От горлопанства заказного, —
Он чуял ходовой товар:
Евреи, фронда, Бабий Яр.

КОЛЛЕГА

Он в тени любого флага
Рыщет и находит блага.

ПРОНЫРА

Скорей угодливый, чем годен,
Способный он. На все способен.
Готов хвалить, готов увечить,
Лишь бы себя увековечить.

МАТЬ-ПЕРЕМАТЬ

Сквернословы без опаски
В прессе, при большой огласке
Соревнуются, кто круче?..
Тебе нужны такие краски,
О, великий и могучий?

116

Эстрадный охальник

Он, обделенный, жил любовью
В краю бараков, драк, пинков.
Там пристрастился к сквернословью
Наш новоявленный Барков?

* * *

Похабнику и бражнику,
Что чарка за здоровье, —
Путь от свободы слова
К свободе сквернословья.

* * *

Весь в литературных заплатах,
Держался, как рыцарь в латах.

ЭПИТАФИЯ

Откричался. Отолгался. Отсношался.
Отучился в ЦКШ и ВПШ.
Он не так бы еще с жизнью разобрался,
Но на самый верх отозвана душа.

* * *

Строки полуграмотные пишет
И к деньгам — вперед, на всех парах,
Загребущей завистью он пышет,
Хитрован и микро-олигарх.

* * *

Юбилей — венец испытаний,
Сбор с гостей деликатной дани
Непременнейших восхвалений,
Обязательных подношений.

* * *

За хорошую фразу,
Пожалуй, он может отдать
Жену с возлюбленной — сразу,
Чуть позже — отца и мать.

* * *

На танцах бойкий баламут
Спросил нескладного тихоню:
— Несчастный, как тебя зовут?
— Да не зовут меня, а гонят.

* * *

Кто нашей жизнью смят и выжат,
Тому все тяжелей сума.
Все повторяют: надо выжить.
Но как не выжить из ума?

Бродский

Витийствуют о нем прилюдно и
                              келейно
Друзья и лже-друзья — от берегов Невы
                              до Рейна.

* * *

Изъездился конь. Излаялся пес.
Измяукалась старая кошка.
Но не гаснет огонь. И не гаснет вопрос:
Как пожить еще сносно — немножко?

***

Сообрази, какая
У речки глубина?
Воды в ней — по колено,
А рыбы — до хрена.

***

Их связь — магическая сила,
Та, что прочнее прочих сил:
Она его усыновила,
А он ее — уматерил.

Отдай

Отдай вино стакану,
Отдай голодных — хлебу,
Дельфина — океану,
А жаворонка — небу.

* * *

Умей восстать из праха
И разглядеть врага.
Бояться надо страха
И больше ни фига.

* * *

Новый Год тысячелетья третьего...
Как бы нам толковей одолеть его?

* * *

Глаз небесный?.. Чудо сборки.
Все на свете видит он.
Дальновидный, дальнозоркий
Спутник — сателлит — шпион.

* * *

На дальних холмах трава зеленей,
Галушки сами прыгают в рот,
Но ты не забудь о задаче своей —
Возделывай свой огород.

* * *

Список благ нужнейших краток.
Что нам греет плоть и кровь?
Не богатство, а достаток.
Не достаток, а любовь.

* * *

Славно блага раздает
Матушка-эпоха:
Скверным людям — хорошо,
А хорошим — плохо.

* * *

Нет нужды в прозрениях глубоких,
Чтоб увидеть сквозь пожаров дым:
«Око за око»
Весь мир может сделать слепым.

НАПОЛЕОН

Три острова — в пекле сражений и
плена:
Корсика — Эльба — Святая Елена.

* * *

Строя демократию нашу,
Воздавая свободе честь,
Заварили такую кашу,
Что стало нечего есть.

* * *

Нищенствуя, щеголяя заплатой,
Стыдно быть бедным в стране
　　　　　　　　　　　　богатой,
Но, доложу я вам, стыдно вдвойне
Быть богатым в бедной стране.

ПЕРСПЕКТИВА

Уехать в Новый Свет
И там взгрустнуть невольно:
На свете счастья нет,
Но есть покой и «Вольво».

ЗЕМЛЯ ОДНА

В единые недра
Стремят свои корни
Сионские кедры,
Молдавские Кодры.

* * *

Болеет бирюза и устает железо,
Мелеет океан и падают дубы,
Но катится слеза, и опасенья лезут,
И пенится бокал разлуки и судьбы.

* * *

Мне вспоминается опять,
Что поговорка подсказала:
Давайте время не терять,
Чтоб время нас не потеряло.

* * *

Неужто наша жизнь и смута
С ее любовью, красотой, —
Лишь скоротечная минута,
Заполненная суетой?

Ноябрь 1943

Сырьё полевой хирургии,
Привычный ее материал,
На койке в глубинке России
Отец мой в бинтах умирал.

В атаке

А когда поднимал свой взвод
Под огнем и вёл его в бой,
Не кричал он солдатам: «Вперед!»
Он солдатам кричал: «За мной!»

* * *

Есть молдавское присловье
Про завидное здоровье:
«Чем больным лежать в кровати,
Лучше пьяным под кроватью».
Что же мне вам пожелать?
Выбирайте, где лежать!

Корнелюб

На каждом шагу он про корни талдычит —
При блеске торжеств и в прокуренной мгле.
Несет напоказ их. И каждому тычет.
А место корней, как известно, в земле.

Никита Стэнеску

Галантности искусство и науку
Вершил поэт. И выдавал стихи:
— Целую вашу правую руку
До кончиков пальцев левой руки!

Дни Данте в Молдове

Издавна поэзию, талант
Уважает наш романский край.
Что же ты нашел у нас,
                        суровый Дант?
Ад? Чистилище? Или желанный рай?

* * *

Людей все чаще вижу злых,
Таких отчаянных и ловких,
Как будто на плечах у них
Не головы, — боеголовки.

* * *

Горячих точек жуткий ряд.
Раздоров пламя рдеет.
Одни — как на кострах горят.
Другие — руки греют.

БЕССАРАБИЯ

Без лести и угождения
Тебе прощальная ода,
Земля моего рождения,
Земля моего исхода.

БЕДНЫЕ ДАРЫ

«Дары природы». Нечего сказать.
С чего бы магазину так назваться?
В него заглянешь — и природа-мать
На миг бездарной может показаться.

***

Слишком буйно в памятном году,
Будто в знак несчастья или мора,
В Дубоссарах, вдоль Днестра, в саду
Уродились яблоки раздора.

***

Да, более чем менее
Достались нам в запас
И звездные мгновения,
И комендантский час.

***

И в райских кущах — свой мед и яд.
Одно цветет, другое вянет.
— Если фиговый лист — это весь твой
                                        наряд
Как же ты спрячешь фигу в кармане?

ГЛЕБУС

(художник Глеб Саинчук)

Таланта творческий запал
Расходуя, как тушь и краски,
Десятки масок он создал,
Но сам он — Человек без маски.

131

Кириллу Ковальджи

Что ему рой придирок?
Волею высших сил
Он справа налево — л-лирик,
А слева направо — Кирилл.

Уроженцу знаменитого села

Быть родом из Пуркар — небесный дар,
Вино оттуда — подлинное диво.
И ты, дружище, родом из Пуркар,
Но все же кишиневского разлива.

***

Я жил и в пятизвездочных отелях,
И пятизвездочный коньяк пивал.
Душе к созвездьям воспарить хотелось
В трехзвездных строчках, что мне Бог
                                    послал.

ЖАЛОБЫ ПЕРЕВОДЧИКА

Мы переводим повести и оды,
И песни, услаждающие слух,
Всё время — переводы, переводы,
Перевести бы дух.

К ВОПРОСУ О ВЕРНОСТИ

Супруга переводчика сказала:
— Хранит он верность лишь оригиналу...

* * *

Переводчик даже в суете мышиной
И ума, и зауми остается пленником.
Не заменят переводчика машиной:
Разве сделают машину
                        шизофреником?

ДРУГУ

Алику

В потоке жизни и тревог
Я дружбы нашей не унизил
Неоткровенностью, капризом
Или неправдой, не дай Бог.

* * *

В селе и в толчее столиц,
Где пробужденный ум гранится,
Мечтал о мире без границ.
Теперь у нас везде границы.

1990

ГОРЕ-ПЕРЕВОДЧИК

Трудился, как титан,
От словаря — ни шагу.
Переводил роман,
А перевел... бумагу.

134

***

Я жить хочу открыто и светло,
Прозрачно, как хрустальное стекло,
И потому упрямо, не случайно,
С любовью раскурочиваю тайны.

***

— Не слишком языку ты дал свободу?
— А что, браток, недолго до беды?
— Смотри... Как выведут на чистую воду...
— Да ведь не осталось чистой воды!

***

Когда я исполнения желаний
Тебе как другу от души желал,
О том, что ты желаешь мне страданий,
Я знать не мог, не думал, не гадал.

***

Они учились брить на моей бороде
Они учились лечить на моей шкуре.
Они учились осчастливливать на
                                        моей судьбе.
Что же от меня осталось — в натуре?

Дочке-историку

Разгадывая тайны человечества,
Ты голову ломаешь без конца
Над судьбами и бедами отечества.
Подумай малость о судьбе отца.

Биологу Лие

В братьях меньших не чая души
Ты о жизни их многоликой
Книгу-исповедь напиши, —
Прорычи, провой, начирикай!

ТВОРЧЕСТВО

Петух уверен
Совсем не зря:
Без песни его
Не займется заря.

* * *

Мы ждали радостей, мой друг,
Зари пленительного счастья.
Темницы рухнули?.. Вокруг
Цветут обломки самовластья.

* * *

Ужель за нас возьмутся снова
Сии птенцы гнезда Крючкова?

1991

СОСкучился

Нет, сердце не насос,
Оно вдали СОСкучилось,
Томлением измучилось
Отстукивает — SOS.

* * *

При всей нашей хитрой начинке
И дерзости вдохновенной,
Кто мы? Всего лишь песчинки
В песочных часах Вселенной?

* * *

Юные ищут и маются,
Их пляски — не ветхий канкан.
А новые выводки зайцев
Попадаются в старый капкан.

Вопрос другу

Так почему же мы в беде и в горе
Смеемся над бедою и острим?
Надеемся — в любом студеном море
Для нас с тобой отыщется
                              Гольфстрим?

* * *

Я не всезнайка. Что надо? Не надо?
По-прежнему жить ли в привычном аду?
Но разве не лучше — зажечь лампаду,
Чем без конца проклинать темноту?

* * *

Мы всё ещё антитеза
Всему, что можно понять.
Где-то есть мать Тереза.
У нас же — мать-перемать.

* * *

Весна, весна... Счастливый воробей
Так близко пролетел перед глазами,
Что ты чуть-чуть пригнулся, оробел
Как будто шалуны швырнули камень.

* * *

В лесу, у берега речного
Лежу, поляной взят в полон,
Тобою, верба, завербован,
Тобой, осинка, осенен.

* * *

Клубится мгла. Гроза поверх голов.
И градины, упав на землю, тают.
Нелетная погода для орлов.
А воробьи — им хоть бы что — летают.

Ваятелю

Наверно, меньше стало б истуканов,
Когда бы неподкупная строка
Закона
        требовала неустанно:
«Ваятель! Не в а я й т е дурака!»

* * *

Странствия люблю, литературу,
Шахматы и разную муру...
Повидать бы Ганг и школу гуру,
И, конечно, край, где кенгуру.

Про типографию

Двору иному не в укор
Скажу я непритворно:
— Ты мне родня, печатный двор,
Я верный твой придворный.

* * *

Как резкую игру на грани фола,
Как первый хмель не детских именин
Припоминаю: ежедневно школа
Вливала в нас литературный героин.

* * *

Скажи, а по ночам тебе не стонется?
А сновиденья не таят беду?
Скажи, твою подушку жгла бессонница?
В твою бессонницу я как-нибудь приду.

СЛУШАЯ ОПЕРУ

Когда Дездемона запела
Слезливо, с призвуками фальши,
Вдруг захотелось, чтоб Отелло
За горло взял ее пораньше.

* * *

День не раздроби на дребедень, —
Бабушка моя вздыхала мудро:
— Утро… Не теряй, дружочек, утро…
Утра ведь не будет целый день!

ОТКРЫТИЕ МИРА

О, всемогущий первый зуд,
Когда ребеночек пытается
Весь мир попробовать на зуб,
Который только прорезается!

О ВЕЧНОМ

— Ничто не вечно под луною,
Хоть сделай стойку на ушах!
— Ничто не вечно? Я с тобою
Не соглашусь: вот вечный шах!

* * *

Ветхозаветные я застал времена.
В пору моего детства на карте земли
Еще были белые пятна,
А на солнце — не было пятен.

* * *

Мой друг, не сторонись чудес!
Махнешь вдруг на себя рукою —
А тут к ребру подступит бес,
И сердце вновь, как молодое...

* * *

Загад не бывает богат?
Но в нищее счастье загада
Поверив не раз, а стократ,
Душа моя, ты виновата?

144

За фук

Я помню, в детстве, если дашь промашку
И шашку не собьешь, забывшись вдруг,
Твою — в отместку — забирают шашку
По правилу тогдашнему: «За фук».

* * *

Я стоял у фонтанных струй,
У вокзала тебя встречал,
Ожидавший тебя поцелуй
На моих губах остывал.

* * *

Краток век наш, хоть он и большой,
Ангел прилетит, не даст проститься.
Скажет: — Прибыл за твоей душой…
…Неужели впрямь не отшутиться?

ДЕЛА СЕМЕЙНЫЕ

Как нам не хватает в пустяковых
                              спорах,
Что подчас жестоки, иногда пусты,
Старого умения фронтовых саперов:
С одного лишь берега наводить
                              мосты.

СПИРАЛЬ ДИАЛЕКТИКИ

Мы забыли про жизнь на привале,
Наши тропы все круче и резче.
Продвигаемся мы по спирали,
И спираль кого-нибудь хлещет.

* * *

Весь этот мир, по сути, стройный хор,
Хотя об этом не подозревает.
Былинка, куст рябины, метеор
По-своему поют и подпевают.

146

С ДОЛГОМ В РОДСТВЕ

За совесть трудись, не за страх.
Шлифуйся в людском общежитье.
У мира в долгах, как в репьях:
Кто с долгом в родстве — долгожитель.

* * *

Пошучивал дед, наставляя внука,
Жизнью учил дорожить.
— Умирать, — говорил он, — скверная
                                   штука...
Лучше до этого дня не дожить.

* * *

В цене еще и ныне ум,
Жар дружбы и любви...
Национальный минимум, —
Сто двадцать лет живи!

* * *

В бурном житейском море,
Где волнами — радость и горе,
Рождается истина в споре
И погибает в ссоре.

Эзопов язык

Мы жили к гулагу впритык,
Цензура следила за нами,
Порой и эзопов язык
Приходилось держать за зубами.

Крылатые слова

Блистать он любит россыпями духа,
И что слова его крылаты — уверяет.
И впрямь крылатые: в одно влетают ухо,
А из другого вылетают.

***

Летает с луком Купидон,
Стреляет из засады...
Он до зубов вооружен
И вечно — с голым задом.

***

Уши этой службы длинней, чем язык
болтуна...
Лабиринты этой службы длинней,
чем извилины мудреца...
Руки этой службы длинней, чем ноги
беглеца...
Любит она прихвастнуть.

Кто-что

Шутит шут, а мастер мастерит,
Туз — тузит, шестерка шестерит,
Курилка — курит, дурачина — дурит,
Пышка — пышет, а писатель — пишет.

* * *

Жила восьмерка, словно прочный замок,
Но вот однажды, проявив беспечность,
Хлебнула лишку и свалилась на бок, —
И во хмелю постигла бесконечность.

Официальный банкет

И вроде пир приятный,
И не пойти — неловко,
Но... сыр бесплатный —
Только в мышеловке.

В лицее

Если бы на белом свете
И к поэзии, и к детям
Относились по-лицейски,
Но никак не полицейски...

* * *

К себе внимание привлечь
Готов. Во что бы то ни стало.
Перекуёт и рыбу-меч,
Чтобы в морях она орала.

БЕССАРАБСКОЕ ТОЛКОВАНИЕ

Конечно, бабы — мужиков умнее,
Не зря же они носят лис на шее...
Что мужики глупы — совсем не странно:
Они же носят шапки из барана.

СЕЛЬСКАЯ БАЙКА

Доля мужская, ох, нелегка:
Вечно баба что-то хочет.
Будит мужа: — Хочу мужика!
— Мужика?.. Да еще на исходе ночи!?
Где же я тебе найду???

* * *

Не пеняй, что много пью
Пенистых фужеров,
Нынче я вступил в пен-клуб,
Клуб пен-сионеров.

Диалог о сочувствии

— Жалко тебе фиалку,
Мерзнущую в снегу?
— Мне так ее жалко,
Что видеть ее не могу!

Молдавская мудрость

— Мы подарим вам счастье!
Освободим от оков!
— Перемена власти —
Радость дураков.

* * *

Орудуют в Грозном, Тирасполе,
                              Нальчике
Паханы народов на родине-мачехе.

РАЗЛИЧИЯ

Олег есть вещий
И — олегофрен.
Разные вещи,
Не тот же хрен!

* * *

На столе баклажаны и перцы,
Винограда, клубники — от пуза...
И она отдала ему сердце, —
Отдала ему сердце арбуза.

УТЕШЕНИЕ

Не унывай, мой старый друг,
Что память у тебя фиговая.
Склероз — особенный недуг:
Всегда узнаешь что-то новое.

Конъюнктурщик

Пример благополучия явил,
Ни разу на рожон не лез, поверьте.
При жизни никого не удивил,
Вдруг удивил своей внезапной смертью.

***

Дым в забегаловке, как в преисподней.
Рассмешил буфетчик паству свою:
— Разбавить не успел я сегодня,
Поэтому — не долью.

Читая Карамзина

Не златом покупает князь
Ратников и латы.
С дружиною, благословясь,
Берет он с боем злато.

Приятелю-болтуну

Собрат мой по судьбе,
Скажу тебе по чести я:
Правды нет в тебе,
Скучны твои известия.

***

О, молодящийся барбос,
В рубашке пестрой ты пришел.
Хотя на ней и надпись «босс»,
Душою ты — и бос, и гол.

Завистливый

Есть и ум, и мастерство,
А живет невесело.
Злопыхательство его —
Смежная профессия.

* * *

Он явный ренегат,
Отъявленный шпион:
Он ест шпинат
И нюхает пион.

Интриган

Убогий облик. Лоб неандертальца.
Недобрый взгляд. Подобострастный
разум.
Как много можно высосать из пальца,
Когда рука в крови и в грязи.

156

* * *

Непотопляемость — его пароль.
Готов на все за чары жизни сладкой.
Когда-то он играл большую роль.
Теперь он в роль вцепился мертвой
                         хваткой.

* * *

Бредятина — ваши сюжеты, идеи.
Фразы топорны, мысль — кувырком.
Если б вы были немного умнее,
Я мог бы назвать вас тогда дураком.

КРИТИК-ЗУБОДРОБИТЕЛЬ

Грозные рецензии
Сочинять умел, —
Чуть ли не лицензии
На отстрел.

Художник-карьерист

Посредством лести, лакировки
Мечтал проникнуть в лоно власти.
Но от внезапной рокировки
У власти оказался в пасти.

В растерянности

То зовет к порядку,
То юлит ужом.
Режет правду-матку,
Да тупым ножом.

* * *

В меру таланта и разуменья
Каждый свои отмечает владенья:
Кто дивными трелями лес оглашает,
Кто заднюю лапу на миг поднимает.

Шершавый

В твоей натруженной душе
Не дремлет вечное «шерше».
В лучах любви и доброй славы
«Шерше» ведет тебя, шершавый.

* * *

Ты возмужал, ты поседел,
А кривотолки все не молкнут...
Как мастера заплечных дел,
Есть мастера заспинных толков.

Самовлюбленный говорун

Что ни фраза — чушь и муть.
Слова по-людски не скажет.
Как себя колотит в грудь!
Не закашляется даже.

159

Признание

Люблю тебя, как брата,
Но помню, кто ты есть.
Ты, брат, ума палата —
Палата номер шесть.

Тихоня

В противоборстве стилей и страстей
Его всегда устраивала малость:
Глаголом он не жег сердца людей,
Сморозить нечто — тоже не случалось.

* * *

— Слишком длинно ваше сочиненье! —
Юноша писателю сказал.
Тот ему ответил: — К сожаленью,
Не книга велика, а ты, приятель, мал.

НАСТРОЕНЬИЦЕ

От визита свинтуса
Тонус ниже плинтуса.

НЕПОВТОРИМЫЙ ФРОЛ

Уникум этот Фрол...
Куда бы он ни пришел,
Там еще не ступала
Нога такого нахала.

ПОЛЗУЧАЯ СПЕСЬ

— Язвительна гордость моя!
Кто тронет, тот сразу раскается! —
Спесиво шипела Змея,
Забыв, что она пресмыкается.

ПАУК И МУХА

Паук пригласил к себе в гости муху
С тех пор о мухе — ни духу, ни слуху.

* * *

Конечно, у каждого по-своему... Свои
запасы ума.
Конечно, у каждого — на вопросы
свои ответы:
Снежинка думает, что вечно на свете
зима,
Травинка думает, что на свете вечное
лето.

ДЕНЬ ОТКРЫТЫХ ДВЕРЕЙ

Публика в запарке:
Нынче в зоопарке
У льва, пантеры и прочих зверей —
День открытых дверей.

***

Дама стонет и вздыхает,
Дама вечно умирает.
Любит перстни, побрякушки,
А играет в помирушки.

***

Бабы прожженные —
Кобры, коровы —
Скверные жены,
Но классные вдовы.

ОДИНОКАЯ ЖЕНЩИНА

Вечер. Присела за стол.
Точит губной карандаш.
«Еще один день прошел,
Когда зря пропал макияж».

* * *

Двое нужны, чтобы ссору затеять.
Нужен один, чтоб закончить ее.

* * *

Порой охватит сожаленье...
Есть умницы. Да вот беда:
Их воскрешает воскресенье,
Но заедает их среда.

СЛАВА И ПРИПРАВА

И мнит он: «Ай да молодец!
На ты — со славой...»
Так хрен считает холодец
Своей приправой.

164

Худому всезнайке

В беседе тихой, в шуме сборищ —
Во всем знаток, всему судья.
Такой худой, такой заморыш,
А в нем — раскормленное «Я».

«Мера всех вещей»

Крикливым рвением своим
До бледной немочи измаян:
Найдись, кто не оболган им,
Превознесен или охаян?..

***

Прекрасно чувствует фломастер,
Когда им управляет мастер.

165

ВЫСОКА ЛЕБЕДА

— Глянь, какой я высокий!
Еще повышения жду!
— Высока лебеда, а ходят
В нее справлять нужду.

РЕГУЛИРОВЩИК НРАВОВ

Со своим блокнотом хлестким
Службу зоркую несет:
На житейском перекрестке
Ищет левый поворот.

ТОЖЕ ТАКТИКА

Драчливый баламут
Не получает сдачи:
Лежачего не бьют...
Он — в нужный миг — лежачий...

ФИНИШ И ВЕРНИСАЖ

По-разному людям можется:
Кто грудью ленточку рвет,
А кто перед ленточкой — ножницы,
С улыбкой вельможи берет.

ЛЮБИТЕЛЬ ВЗГРЕТЬ

Пройдя закалку жарких дней,
Он в состоянье подогрева
Отстаивает (не без гнева)
Фундамент всех своих идей:
«Не расхолаживать людей!»

НЕ ТОЛЬКО ПРОКУРОРУ

В любой из дней недели
И в каждое число,
Преследуя добрые цели,
Преследуй реальное зло.

МУШКЕТЕР

Нет, ему ловкости не занимать,
Верткости каждому шагу.
В ливень умеет он так фехтовать,
Чтобы ни капли — на шпагу...

ЖАЛКИЕ ПЕСЕНКИ

Текстов безвкусных
          множится масса.
О них мы по праву
          сказать могли бы,
Эти вирши —
          ни рыба, ни мясо,
Хотя и написаны
          сплошь по рыбе.

* * *

Ал кого лик?
Твой, алкоголик.

* * *

Мечтала лапша проскользнуть сквозь
дуршлаг.
Но он хоть и дур, — но совсем не
дурак.

* * *

Не может понять бестолковый
школяр,
Где география, где медицина.
— Если есть на карте страна Катар,
Почему нет на карте страны Ангина?

* * *

— Скажи, дружочек, у коровы
На копытах есть подковы?
— Нет! Подковы у коня!
Не запутывай меня.

***

Смотрит Кот на Млечный путь:
Хочет молочка лизнуть.

Вежливость

Большой троглодит проглотить
Меньшого хотел троглодита.
И младший сказал троглодит:
— Приятного вам аппетита!

***

Куда ни глянешь, там развод —
Недуг, увы, распространенный.
Сидит разведенный народ
И глушит спирт не разведенный.

Дэйв Бродкин

То ноет зуб, то сердце зачастит,
То в пояснице боль (к погоде
                                        влажной),
То нерв шалит, то голова болит...
И сам я чувствую себя неважно.

Павлу Сиркесу

Что ведала житуха наша?
Солдат на марше — тяжесть ранца.
Пацан — фуфайку оборванца.
А мы с тобою, друг мой Паша,
Нектар и горечь померанца.

Иосиф Лахман

Нет, этот человек не стар, —
Всегда в делах и планах новых.
Он, если поразмыслить, — Star,
Но лишь в английском смысле слова.

Композитор Олег Негруца

Вздохнул музыкант: — И жаль, и не жаль...
Жизнь устроена, как рояль:
Белые клавиши... Черные клавиши...
Нотная книжка...

Потом — крышка.

Математик

На жизнь смотрел достойно и сурово.
Пахал он свой надел. Добра не брал чужого.
В рулетку русскую с судьбою не играл.
А если что и брал, то только интеграл.

Зинуле Резник

Веселых шуток вам желаю и острот.
Соль остроумия — здоровью не помеха.
А если выпадет хвататься за живот,
То — исключительно от смеха.

Морем разморенный

Таксист привез нас на Большой Фонтан
И вдруг сказал: — Мементо мори!
— Что вдруг про смерть? («Да неужели
                                     пьян?»)
— Нет, я сказал: «Момент — и море».

Государственные похороны

Любил фавор. В итоге жаждал, чтобы
Его с почетом унесли во мрак,
Чтобы страна венок прислала к гробу,
На саркофаг накинула свой флаг.

1981

НАД ОЗЕРОМ

Изогнула спину
Радуга упруго,
Ищет половину
Собственного круга.

ВЕСНА

Вернулись птицы из кочевья,
Кричат, щебечут на лету.
Их ждут влюбленные деревья,
От чувств нахлынувших — в цвету.

Июль в Бостоне

Липы цветущей смута.
Сады к океану жмутся.
Чайки в заливе, будто
Чаинки плавают в блюдце.

Октябрь

Дожденята льются,
Октябрь у ворот.
Был он революцией,
Теперь — переворот.

Снегопад

Нынче —
Блаженство, нега:
С неба падают инчи
Снега.

* * *

Гармонии сфер поднебесные звуки...
До них ли в свинарнике тесном?
Зачем же и хрюшка мечтает прохрюкать
Свою лебединую песню?

* * *

Ссыльные мира сего,
Пушкин, Овидий, Данте,
В вашей судьбе и таланте —
Музыки сфер торжество.

* * *

Любой деталью интересен Пушкин,
Как молодость и правда — неделим.
Вот под стихом виньетка, завитушка...
Вот завиток над ухом Натали...

БЕЗ СЛАВОСЛОВИЯ

Не прибегайте к выспренним словам,
Его канонизируйте не очень-то,
Не то такой строкой ответит вам,
Что в ней придется ставить многоточие.

* * *

Цветов у рынка видимо-невидимо.
Пионы, астры пламенеют жарко.
Три розы, как три девушки на выданье.
Ужели увядать им в перестарках?

ПЕРЕМЕЛЕТСЯ

Надежно мелет мельница времен
Песчинки мигов и эпох атоллы.
А в некий час глядишь — и убелен
Любой из нас мукой ее помола.

НА ОЗЕРЕ

Белеет красотой стариною
Березнячок у крутояра,
Как будто свечи именинные
На пироге у юбиляра.

Первая метель

Небесный пух зима берет взаймы.
Чернеет тополь в белизне кромешной.
Снежинки разгулявшейся зимы
Врываются в пустующий скворечник.

Диагноз

Шутника прослушав чутко,
Смотрит доктор веселей:
— Нахожу я в ваших шутках
Отложение солей.

Весной

Нежно-зеленая ива,
Тихо склонясь у пруда,
Пробует веткой пугливо:
Не потеплела вода?

* * *

Вот ведь какая штука
Выползла на страницу:
Кто был ужален гадюкой
И ящерицы сторонится.

Какое заблуждение

Мрак веков. Готические своды.
Хвастал император грозной силой:
Мол, в его империи солнце не заходит.
(А в его империи оно и не всходило.)

Коронное признание

Не на сцене — на троне играл свою роль.
Верноподданных сталкивал лбами.
А на старости молвил король:
— Я устал управлять рабами.

Вопрос доктору

— А потрясения,
Неврозы, окаянство —
Примета времени
Или болезнь пространства?

* * *

Об этом грустно говорить,
Но может собственных профанов,
Антисемитов и паханов
И здешний материк плодить.

180

* * *

Старалась Русь евреям насолить,
Чинила козни в жизни и в работе.
Им плоть еврейскую хотели б удалить
Не только крайнюю... Всю плоть от плоти.

Мы — громоотвод?

Чтоб заморочить собственный народ
И злобу дня нацелить на погромы,
Нас превратить хотят в громоотвод,
Но на себя же навлекают громы.

История

Куда бы предка ни швырнуло,
Везде галут, навет, конфликт,
Ограничительная булла
Или презрительный эдикт.

* * *

Видно, к чистоте душа лежит.
В Штатах каждый чистым стать желает.
Новый русский деньги отмывает.
Абрамович — кличку «грязный жид».

* * *

Иронистам и скитальцам,
Вечно ищущим свой дом,
Нам грозят частенько пальцем
И нередко — кулаком.

ПОДСТРЕКАТЕЛЬ

С какой бы он ни заигрывал темой
В московских дебрях, в бостонском рае ль,
Никак он не может расстаться с проблемой:
«Как обустроить Израиль».

ЕВРЕЙСКОМУ ПИСАТЕЛЮ
ГРИГОРИЮ ПОЛЯНКЕРУ

Литература идиш — старый лес,
А в том лесу есть ясная полянка.
Ее владелец волею небес
Земляк Шолом-Алейхема — Полянкер.

* * *

Мы убрались подальше с одной шестой,
Но шлют к нам шестерок вожди в законе.
Нас там изводили пятой графой,
А здесь атакуют пятой колонной.

* * *

Пускай об этом мир не забывает:
Совок нередко мусором бывает.

Прозелит

Он от своих ушел. Простился.
Порвал с отцовской верой связь.
Однажды в жизни он крестился.
Открещивался — много раз.

* * *

Хотели мы, гонимые, но бравые,
Хотя бы уравнения в бесправии.
Но понял я, живя среди бесправных:
Здесь мой народ — последний среди равных.

1968

* * *

Еврейское словечко — «Алевай!»
«Да будет так!» Мне это с детства помнится.
Да будет так. Пусть лучшее исполнится.
Мне «Алевай!» звучит как «Наливай!»

***

Древняя Персия, новый Иран!
Нравы твои изведав,
Евреям на память остался Аман,
Русским — посол Грибоедов.

Адин

Давно дожил я до седин,
Но слушал, губы сжав и пальцы,
Что говорил раввин Адин, —
Я слушал мудрого Штайнзальца.

17 июня 2004, Бостон
Библиотека Президента Кеннеди

Из фольклора

Тьмы гонений нам не счесть.
Жизнью не лелеемы,
Кто мы есть и что мы есть,
Но все-таки евреи мы.

Русак

Грешные головы, вертлявые выи...
Еврей, писавшийся русским в России,
В Штатах вздыхает, разводит руками:
«Были когда-то и мы русаками».

И смех, и грех

Лукавый выкрест, действуя нахрапом,
Атаковал непогрешимость папы.
Вы слышите, конфессии и страны,
Как он потряс устои Ватикана?

* * *

О святости не может быть и речи,
Он не стоял у алтаря, у аналоя,
И если он держал когда-то свечи,
То свечи для леченья геморроя.

* * *

Столичный гость. Таежная семья.
Спросил хозяин, спиртику отведав:
— А вы случайно не из жидовья?
— Нет, гость ответил, я из людоедов.
И было видно, что столичный гость
Не вызывает у хозяев злость.

МОЙ НАРОД

(Реплика редактору газеты)

Как ни меняли бы сдвиги
Душу и лик планеты,
Мы будем Народом Книги,
Не народом газеты.

* * *

«Фе!» —
Любому аутодафе.

Израиль

Гордость и горе
В его биографии:
Море истории,
Горсть географии.

* * *

Эта истина еврейская стара,
До меня она от Ховочки дошла:
«Лучше пожелай себе добра,
Чем другому — зла».

* * *

От мамы, от родного очага
Мое еврейство, родословья корни.
От злобы юдофоба и врага
Я стал неукротимей и упорней.
Мое еврейство, мой душевный жар.
Костры. Погромы. Пытки. Бабий Яр.

Детям

Принцесса Корделия

На свете есть сонное царство — Заспания.
Скажите, вы слышали это название?
Есть крепость в Заспании, крепость
                              Постелия, —
Ее обожает принцесса Корделия.

Струится ли дождик, копится ли зной,
Часами валяется в крепости той.
Над миром проносятся грозы, лавины,
А наша принцесса в плену у перины.

Скажите на милость, принцесса Корделия,
Не надоела вам крепость Постелия?
Печальная участь, убогие знания
У тех, кого держит в объятьях Заспания

Запомнятся месяцы вам на иврите, Хоть вы на иврите и не говорите!

Весенних дней веселый караван —
Три братика — Нисан, Ияр, Сиван.

Но вскоре год на лето повернул —
Идут Тамуз, печальный Ав, Элул.

Вот осень. Зреют и плоды, и мысли,
Приходят Тишри, Мархешван и Кислев.

Бодрящий холод — тоже Божий дар.
В наряде зимнем — Тебет, Шват, Адар.

* * *

Все лучшее на свете
Нигде не продается.
Все лучшее на свете
Нам даром достается.

Нам даром достается
Все лучшее на свете.
Деньгами не пытайся
Поймать удачу в сети.

В торги не погружайся,
Не шастай по базарам.
Все лучшее на свете
Нам достается даром.

Семья, друзья, здоровье,
Добро в душе и дети...
Дается нам с любовью
Все лучшее на свете.

ДЕКОРАТИВНЫЙ ЧАЙНИК

*над дверями у входа в старое кафе
в центре Бостона*

Зовет на чай весь свет,
Струится пар из носа.
Кипит он двести лет,
И нет ему износа.

Весна ль вокруг в цвету
Иль стужа наступает,
Всегда он на посту,
Кипит, не выкипает.

Над улицей висит,
Гостеприимен, чуток.
Без устали кипит
В любое время суток.

И если в Бостон путь
Проляжет твой однажды,
Тот чайник не забудь:
Здесь — утоленье жажды.

НЕБО В КРАПИНКУ

Белое небо в белую крапинку —
        Снежинки летят.
Белое небо в черную крапинку —
        Вороны летят.

Голубое небо в белую крапинку —
        Журавли прилетели.
Синее небо в черную крапинку —
        Жаворонки вьются.

Серое небо в желтую крапинку —
        Осыпаются листья.

Кошка под мышкой

На новоселье с цветами и книжкой
Поехала девочка с кошкой под мышкой.
Кошка под мышкой! Под мышкой! Умора!
Мышки смеялись, глядя из норок.

Скачут вприпрыжку юные мышки.
Страхи недавние мышкам смешны.
Кошка под мышкой! Кошка под мышкой!
Когти и зубы ее не страшны.

Рады мышата, повеселели:
Кошка уехала на новоселье.
А старые мыши, в угол забившись,
Смотрят с опаской в окно и на дверь.
Чудится мышкам страшный, пушистый,
Серых мышей караулящий зверь.
Знают они и кошачьи уловки,
И металлический щелк мышеловки.

А молодые шумят и галдят,
И беззаботно смеются, твердят:
На новоселье с цветами и книжкой
Поехала девочка с кошкой под мышкой.

Кошка — под мышкой! Как это славно.
Как это мышкам смешно и забавно.

Зимние краски

А дед Мороз — художник!
Он красками богат.
Багрово и тревожно
Раскрасил он закат.

Он на рассвете синем
Посеребрил стога
И нежный отсвет кинул
На спящие снега.

Мальчишка спозаранку
(Одежек сто на нем)
Катается на санках,
Лицо горит огнем.

В снегу леса и степи.
Мороз не ослабел.
Мороз на белом свете.
Свет, в самом деле, бел!

ИГРА В КЛАССИКИ

Детвора на дворе с утра,
Пахнет пыльцой, как на пасеке.
Снова пришла пора
Ваша, бессмертные классики.
Девочки шустрые заняты делом.
Чертят квадратики белые мелом.
Все позабыты иные игрушки.
Весна — на носу: появились веснушки.
Смотрите, солдаты, хозяйки, студенты, —
Прыгают бойкие банты и ленты.
Что за шумиха? Эй, не зевайте!
Мечется весело солнечный зайчик.
Купол весеннего неба высок.
Прыг-скок. Прыг-скок.
Прыгнет на шаг, заливается: «Мак?»
Мак! — отвечает стайка девчонок.
Голос их чист, по-весеннему звонок.
Слушает дом, и подвал, и чердак:
Мак? Мак! Мак? Мак!
Смотрят с улыбкой и пониманием
Взрослые жители нового здания.
Жаль, не совсем еще выметен щебень,
А на площадке — гомон и щебет.
Но если оступишься, прыгнешь не так,
Незамедлительно скажут: не мак...
Скажут со смехом, по-дружески просто,

Скажут тебе без язвительной злости.
Это бывает... Ошибочный шаг.
Думаешь — мак, а выходит... дурак.
Помни, что главное — не унывать.
Выйди из домика, прыгай опять.
Пусть слушает дом, и подвал, и чердак:
Мак? Мак! Мак? Мак!
Девочки шустрые заняты делом,
Чертят квадратики белые мелом.
Детвора на дворе с утра,
Деревья в цвету, как на пасеке.
Снова пришла пора
Ваша, бессмертные классики.

* * *

Из дому выйди пораньше,
В самом начале дня,
Тень твоя под ноги ляжет,
Гораздо длинней тебя.

Из дому выйди пораньше,
Утро вдохни всей душой.
Увидишь, какой ты великий,
Увидишь, какой ты большой.

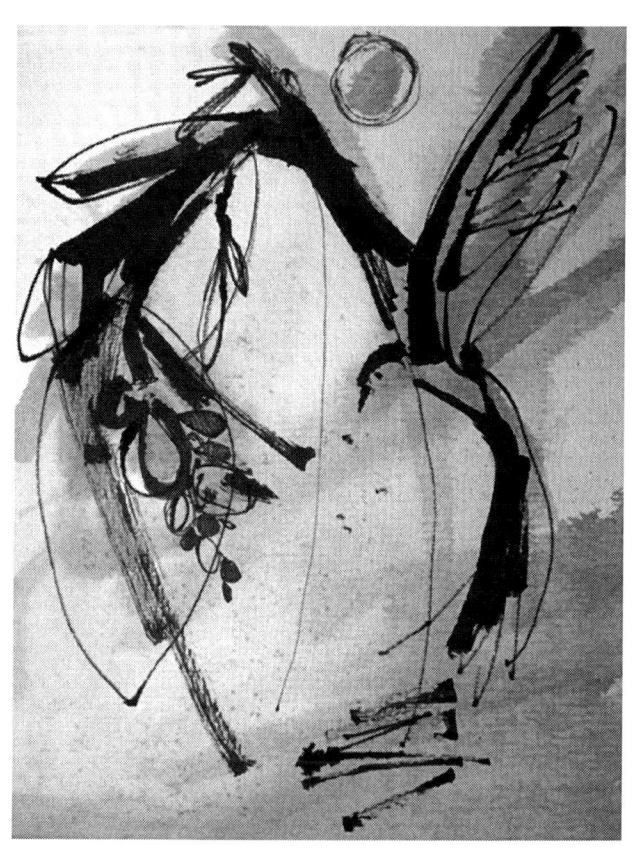

Избранные переводы

С еврейского

АЛЕКСАНДР БЕЛОУСОВ
(1948–2004)

* * *

Exegi monumentum...
Horatius

Коль дорог я вам тем, что песни пел о правде,
Что идиш и иврит любил, как свет в окне,
Из трепетной любви мне памятник поставьте,
    Холодный камень — не по мне.

Хоть в мир явился я не в бархатное время
И мало кто узрел моих писаний свет,
Не думайте, что я примазался к евреям, —
    Нет, я еврейский был поэт.

Угодливая лесть в мой стих не проникала,
И по заказу никого я не хвалил.
Народ наш вечный моя муза воспевала
    На языке, что я любил.

Пророком не был я, знал страсти и сомненья,
Всевышний мне иной предусмотрел удел.
Я в жизни был певцом добра и утешенья,
    Глотал я слезы, когда пел.

Ицик Мангер
(1901–1969)

Песня

У дороги клен стоит,
Гнется, ждет метели.
С оголенных веток прочь
Птицы улетели.

Три к восходу, три на юг
И на запад стая.
Клен остался на ветру,
Ветками качая.

Мама, ты мне не мешай,
Ни к чему сердиться.
Я сейчас взлечу с земли,
Сам я стану птицей.

И в ненастье, в холода
Клена я, как друга,
Буду песней утешать,
Подпевая вьюгам.

— Нет, мой сын, сказала мать,
Утирая слезы, —
Ты окоченеешь там
Ночью от мороза.

Мама, мама, перестань
Плакать, суетиться.

204

Не оплакивай меня.
Как-никак, я птица.

Ицик, Ицик... — стонет мать, —
Холодно, о, Боже.
Ты, не приведи Господь,
Простудиться можешь.

Запахни свой кожушок
Крепче, мой хороший.
Кучму туже натяни
И надень калоши...

Безрукавку пододень,
Мой сыночек милый,
Чтоб не прохватил мороз,
Смерть не подкосила.

Еле шевелю крылом,
Нет простора взмаху.
Много теплого тряпья
Мать дала на птаху.

В мамины глаза гляжу,
Не могу смириться.
Из-за маминой любви
Стать не мог я птицей.

У дороги клен стоит,
Гнется, ждет метели.
С оголенных веток прочь
Птицы улетели.

Борис Карлоф

Дерево

Где дерево, что было мне так мило?
Река все та же. Травы. Солнца свет.
Забор давнишний время не свалило.
А дерева не видно: нет как нет.

Ты ищешь дерево, могучее, высокое,
Но нет его — ни тени, ни следа.
Ты понимал его заветный шепот
В еще не позабытые года.

Ты ищешь. Вопрошаешь у земли:
Где дерево? Где дерево из детства?
Его слепые корни путь нашли:
Они давно в твое проникли сердце.

С английского

Эмили Дикинсон
(1830–1886)

* * *

Я — никто. А вы, похоже...
Тоже никто? Неужели тоже?
Значит, нас двое на белом свете.
Скрывайте, а то заметят.

Быть кем-то — мрачно и скучно.
Квакающей лягушкой
Свое выкрикивать имя
Чавкающей трясине.

Генри Лонгфелло
(1807–1882)

Еврейское кладбище в Ньюпорте

Погост еврейский. Плит замшелых строй
В портовом городке, как островок покоя.
О берег волны бьют, неведом им покой
Под говор неумолчного прибоя.

Листва деревьев, парусность ее
Под океанским ветром серебрится.
Таинственный исход в небытие
Под этим светлым пологом вершится.

Надгробия угаснувших страстей,
Лежат каменья ветхие в печали,
Лежат недвижно, скорбно, как скрижали,
Которые всердцах швырнул Моисей.

Здесь имена — подобье странных знаков,
Гортанных звуков, отдаленных стран.
Здесь с именами Авраам и Яков
Соседствуют Альварес и Хуан.

Когда-то здесь молились, слез не пряча,
Здесь славил Бога смертный человек
И бил поклоны, веруя и плача,
За щедрый дар, за бесконечный век.

Закрыта и безлюдна синагога,
Псалмы Давида не звучат в тиши,
Раввины не читаю Декалога
На языке пророков и души.

Угасли годы, но остались камни,
Их бережет незримая рука.
Не увядает об ушедших память,
Летящая сквозь годы и века.

Что привело их? Неотступность злобы?
Гонений бесконечных календарь
Или издевки, пытки высшей пробы?
Ответят Измаил или Агарь?

В подслеповатых гетто обитали,
В местечках ветхих, в нищенской норе,
Где их терпенью мудро обучали —
Жить в мире страха, гибнуть на костре.

Им пресный хлеб был, словно пайка счастья,
Травой изгнанья скорбный путь зарос.
И жажду сердца утоляли часто
Потоком горьких, неизбывных слез.

Анафема! — Неслось, не затихая,
Проклятье вечным беженцам вослед.
Где ни ступало племя Мордехая,
Там ждал его пинок, погром, навет.

Достоинство в юдоли осмеянья
Они хранили вместе с Книгой Книг
В бездомности, в мытарствах и скитаньях,
Незыблемые, словно материк.

Их праотцы не превратились в тени,
Их прошлое не обратилось в прах.
Пророков, патриархов возрожденье
Провидели они в грядущих днях.

Пытливым взором пристально вникая
В слова иврита, в мир, как в Книгу Книг,
Они ее без устали читали,
И обрастал легендой каждый миг.

Увы! Не унести былое на подошвах.
Не воскресить. И не устроить суд.
Быльем былое поросло. Усопших
Назад домой с погоста не несут.

Джон Бойл О'Рейли
(1844–1890)

Белая роза

Красная роза пронизана страстью,
Белая — нежность впитала, как губка.
О, красная роза — коршун,
А белая роза — голубка.

И я, аромат лепестков вдыхая,
Весь переполненный чувствами пылкими,
Тебе, дорогая, шлю белую розу
С красными прожилками.

Роберт Конквест
(1917)

Возрождению Санкт-Петербурга

Белые ночи северного города,
Голубые очи одной из его женщин.

Огни переливаются над Петрополем,
Высвечивая на дне белизны
Золотые шпили, зеленые скверы, серую реку,
Где сегодняшние сумерки
Слиты с завтрашним рассветом;
Проблески света
Под неба лебяжьим пухом
Проносятся, пронизывают, окутывают,
Счищая наносы с заиленных чувств,
Возвращая гибкость оцепеневшему духу
Чужестранца с более низких широт.

Сдирая шелуху небесного молчания
С дремлющих вод,
Как может такая призрачность
Мчаться так мощно?
Напластования света, горностая, миндаля,
Растворенные в полной прозрачности,
Поток чистоты, рвущийся выщелочить
Погрязшую будничность, бледную немочь, —
Пусть ярче проступят оттенки, —

И над всем — ее глаза. Голубые.
Даже более убедительные, чем
Вся эта ширококрылая белизна:
Неиссякаемое излучение
Приятия мира, долготерпения,
Неисчерпаемости, как у этого бегущего неба.

Глубокая полнота. К тому же
Не поверхностная голубизна отмели
В пристальном взгляде сельской молодухи,
У которой развеваются русые пряди.
Но как чужеродны
Плоские аметистовые овалы эльфов
И змеино-прелестные, змеино-страшные
Березово-белые пруды холодной весной,
Будто невзначай проступившие из преданий.
И вот бесчеловечность наложила лапу
На глубь и силу этой синевы.
Здесь жизнь живую в сделку вовлекли
Вся нечисть мира: нелюдь, голем, тролль,
Проклятие.
Гнусное неистовство прожорливо бредило
Вдоль этих улиц
С когтями пыток,
Войн, голода, обмана и резни.
Молот террора, горн вероломства
Сокрушали душу или просто сводили на нет,
Усугубляли мелочность и драчливость.

213

А благородство, стойкость с полузакрытыми
                                        глазами
Словно были забыты годами в этом пекле,
И порывы к нежной неприступности,
                              к очарованию,
Против всего, что фальшиво и бессердечно.

Мне видится в этой голубизне сияние стали,
Охваченной белым каленьем закалки.

Но белая ночь сегодня прохладна,
И спокойны глаза, глядящие в мои глаза.

Тери Мэлоу,
художница (Бостон)

Морской пейзаж

Художник плотный лист бумаги взял
И думает: как океан сегодня чувствует себя —
Великим или Тихим?
А океан квадратным быть не хочет.
В мятежности, в неистовстве его —
Извечное таится беспокойство.
А ты, художник, разве не таков?
Мазок лазури на бумагу ляжет, —
Как станет он бунтующей волной?
Вопрос, как говорится, на засыпку.
О, простодушие, вблизи от мелкой лужи
Надеяться: с минуты на минуту
Бог озарений постучится в дверь.
Художник ставит на огонь кофейник,
Две чашки ставит он на стол. И верит:
Вот-вот и чайка в дом к нему влетит.

МЕЖДУ БЕРЕГОМ И СКАЛОЙ

Рисую картину. Опять.
Сто сорок четыре квадратных дюйма
Того же океана, что рисовала вчера,
Чуть больше или меньше скал. Ты хочешь
Стоять вплотную к ним, замшелым и
скользким,
Об них разбиваются раковины,
Уроненные чайками. Постой.
Мне это необходимо. Самое надежное место,
Какое могу найти в этом голубом приливе
Соленых слез.

С румынского

Николай Костенко
(1913 —1993)

Франсуа Вийон

Кожа, друг испытанный, не ной!
Чищу, берегу тебя и драю.
Я приговорен, а ты со мной,
И в тебе я срок свой отбываю.

Кожа, не блистал наш туалет, —
Струпьями отслаивалась шкура.
Как припомню прелести тех лет,
В горле ком и — дыбом шевелюра.

Где там мыло, где одеколон?!
Нет, мы жили на иных началах:
Ржавчину с тебя сдирал песком,
Синие прожилки тер мочалом.

Кожа, друг мой, задубела ты,
Той поры наколками покрыта.
Оболочка редкой красоты,
Потроха мои — тобой обшиты:

Сердце, что рубцам забыло счет,
Руки — не дворянского сословья,

Злой, изголодавшийся живот,
Голова, что жаждет изголовья.

Ты прости, устав от маяты,
Выпавшей на долю нам с тобою,
Что досталась человеку ты,
Чей удел — петля над головою...

Бродяга и поэт глухих времен,
Тебе внимаем пять веков, Вийон.

Андрей Стрымбяну

Женщина

Пенясь, извиваясь, волны плещутся,
Над косой песчаной — облака.
Женщину леплю я безупречную
Из песка.
Женщину с отточенными бедрами
Из песка.
Женщину... Какое сердце доброе
Из песка.
Женщину с бесхитростной улыбкой
Из песка.
Женщину... Какая грудь не зыбкая
Из песка.
Женщина... пленительно нагая,
Из песка.
Только ветер пряди раздувает
Из песка.
На песке, прибоем отутюженном,
В этот час
Две ищу ракушки, две жемчужины,
Две — для глаз.

Чужбинец

Награбленным добром сверкают их хоромы,
В набегах и резне они разжились златом,
Им по душе добыча, нашествия, погромы,
И миру невдомек, какая бездна зла там.

То сталью ощетинясь, то ластясь тихой
                                        сапой,
Орудует чужбинец своей мохнатой лапой.
А в ризах и тюрбанах надменные святоши
Его благословляют и хлопают в ладоши.

Чужак на карту мира глядит портняжным
                                        взором
И ножницами режет соседские просторы.
Кроит чужие земли — хватай, дели и
                                        властвуй,
И глобус пожирает ломтями, словно дыню,
И рвется в небо, к звездам, хмельной в своей
                                        гордыне,
И валится, как в яму, в межзвездное
                                        пространство.

Январь, 2008

Никита Стэнеску
(1933–1983)

Плот Улисса

Забавная зыбка с лопатами весел,
Которая может сойти и за гроб,
Неужто способна к груди материнской,
В Итаку и в детство доставить тебя?

А ты, крепкорукий, сжимающий весла,
Кого не пугают ни штормы, ни глубь,
С нездешней тоскою во взоре ты смотришь,
И жажда иная терзает тебя.

Скитаться по миру — не блажь и не прихоть,
Сама Навсикая тебе подтвердит.
Скитаться по миру — великая доля
И в горле сухом застревающий плач.

Для тысячи песен

Для тысячи песен
был я рожден.
Девятьсот девяносто девять —
хриплые:
из-за единственной песни,
ради которой я родился на свет.
Не половиньте меня, временщики!
Возможно, эта высокая песня —
та единственная,
последняя моя...

Купить собаку

Прилетел ангел и сказал мне:
— Не хочешь купить собаку?
Я был не в силах ответить.
Слова, которые хотелось выкрикнуть,
были, как сущий лай.
— Не хочешь купить собаку? —
спросил ангел, баюкая на руках
мое лающее сердце,
виляющее кровью, словно хвостом.
— Не хочешь купить собаку? —
настаивал ангел,
пока мое сердце
виляло кровью, будто хвостом.

Поэма

Скажи-ка, если бы однажды
я поймал тебя
и поцеловал твою пятку,
после этого ты бы, — неправда ли? —
пошла прихрамывая,
чтобы не расплющить
мой поцелуй?

Грустная песня о любви

Только моя жизнь
действительно умрет когда-нибудь.
Только трава знает привкус земли.
Только крови моей действительно тоскуется
По сердцу моему, когда она покидает его.
Воздух высок, ты высока,
печаль моя высока.
Приходит время, когда умирают кони,
приходит время, когда ветшают машины,
приходит пора холодных дождей,
и все женщины —
носят твою голову и твои платья.
Прилетает большая птица,
снесшая в небе луну.

Изнашивание

Солдат маршировал, маршировал,
маршировал,
пока до колена
нога
не истерлась,
не истопталась,
не износилась.
Пока обрубок
до самой кости
не истерся,
не истерся,
не истоптался,
не износился.
Пока до глазниц
не ослеп, не ослеп,
не ослеп.
Пока волосы его не стали
черной травой, черной травой,
черной травой.
Пришел белый конь
и сжевал ее, и сжевал ее,
и сжевал ее.
И-го-го, и-го-го,
И-го-го.

Думитру Матковски

Бессарабский еврей

Лист зеленый, мой пырей,
Я последний здесь еврей.
Я последний здесь, в местечке,
А сородичи — далече.
Доживаю я свой век,
Одинокий человек,
В крае гетов, в крае даков,
С ними как бы одинаков.

Мне румын — исконный брат.
Я ему как брату рад.
Вместе с ним пою и плачу,
Спину гну, смеюсь, судачу.

Лист зеленый, лист бужора,
А у нас сегодня хора.
Пляска огненна, быстра
На толоке, у Днестра.

Где ты, Малка, друг сердечный?
Я теперь один в местечке,
Вспоминаю, как от пляски
У тебя горели глазки...

Вейз мир вей, мой милый друг,
Я нырнул бы в этот круг,
Но душа покоя просит,
Завладела мною осень.

Лист зеленый, лист узорный,
Над Днестром стрижи снуют...
Бессарабской старой дойны
Нынче что-то не поют...

Румынская эпиграмма

Антон Панн
(1794–1854)

Эпитафия

Останки супруги моей вместила эта могила.
Жена обрела покой и мне покой подарила.

Александр Донич
(1806–1866)

На могиле врача

Покоится здесь доктор, знаток
                    лечебных правил.
Своею смертью многих от смерти он
                    избавил.

Михай Эминеску
(1850–1889)

* * *

Вино сегодня хуже в сравненье
              с вчерашним днем?
Лучше любого выпитого — то,
              что теперь мы пьем!

Незаметному

Ты никем не замечен в гостиной?
Не горюй... Что поделаешь тут?
Когда падает камень в трясину,
По болоту круги не бегут.

228

Арон Денсусиану
(1838–1900)

Возвращение блудного сына

Когда вернулся блудный сын домой,
На радостях зарезали теленка...
Буренка же подумала с тоской:
«Они ликуют, пир у них горой,
А я — лишилась своего ребенка...»

Утешение драматургу

Тебя не освистал народ,
Ты публикой почти что признан...
Когда зеваешь во весь рот,
Тогда, конечно, не до свиста...

Ион Лука Караджале
(1852–1912)

Лысый философ

Природа эту затею
Осуществила сама:
Сверху — луна, а под нею —
Беспросветная тьма.

Сверхначитанному другу

Взгляните на этого человека.
В голове его — целая библиотека.
Горы книг, ворох идей.
Библиотекаря бы ей.

Д. Телеор (Д. Константинеску)
(1858–1920)

Другу-стихотворцу

Мне твои знакомы ритмы.
Издан труд? Хвала и честь.
Можешь смело подарить мне:
Обещаю... не прочесть.

Виктор Влад Деламарина
(1870–1896)

Барышне

Ты чернишь ресницы снова,
Снова углем красишь брови...
Тратишь уйму угля. Скоро
Ты начнешь искать шахтера.

Раду Д. Россети
(1874–1964)

Некоторым железнодорожникам захолустных станций

Красный свет — сигнал тревоги.
Поезд вдруг затормозил.
Нос дежурного багровый
Машиниста с толку сбил.

Валентин Буде
(1876–1933)

Миллионеру, старому холостяку

Немало лет по белу свету
Ты мыкаешься без жены.
Никак, видать, не можешь встретить
Избранницы... твоей мошны.

Константин Рыулец
(1882–1966)

Недругу

В его душе захламлено и пусто.
А я его героем называю.
Поистине, способно лишь искусство
Героя сотворить из негодяя.

Молодушке

Не зря сравнил ее поэт
С иконой, хоть и не святая.
Ведь их обеих, спору нет,
Целует кто ни пожелает.

Штефан Иванович-Теренциу
(1884–1967)

Злобствующему собрату

У тебя, брат, никогда я
Не заимствовал стихи.
Что ж меня ты обвиняешь
В сочиненье чепухи?

Джордже Топырчану
(1886–1937)

Другу-скрипачу

Да, в мире яростном подлунном
Любой свою тропу торит.
Один скрипит смычком по струнам,
Другой — своим пером скрипит.

Дион Мардан
(1886–1966)

На кладбище

На пышное надгробье глядя,
Где мрамор, золотая нить,
Вздохнул невольно: — Есть же дяди,
Которые умеют жить!

Ион И. Павелеску
(1889–1924)

Эпитафия

Здесь покоится скелет...
Тленья избежал поэт.
Опыт четко доказал:
Бард и не существовал.

Аурелиан Пэунеску

Приятелю, посадившему виноградник на нефтеносном участке

Мудрость эта известна давно:
Взрасти виноградник — и пей вино.
А мой знакомый, чудак один,
Посадил виноградник — и пьет керосин.

Еуджениу Петровану

Наши леса

Живет ими разный народ —
Корчует, растит, вырубает...
Так много зверья в них живет,
А сами леса... вымирают.

Флорин Иордэкеску

Трубка юмориста

Не без сочувствия и пристально
Смотрю, как трубку он сосет...
Лишь в этой трубке, в ней единственной
Порою искорка сверкнет.

Н. Креведиа

Поэт былых времен

Ни кола у меня, ни двора,
Но мечтанья бездомного сбудутся,
И наступит такая пора —
Назовут моим именем улицу.

И. С. Богза

Овсяный кофе трудного времени

На праздник или в день рождения
Овсяным кофе угощали.
И мы тогда от наслаждения
        Ржали.

Мирча Павелеску

Угрюмый критик

Навстречу — критик. Руку мне пожал он.
«Погодка хороша...» — промолвил и пошел.
Вот это да! Впервые он, пожалуй,
О чем-то отозвался хорошо.

Джордже Каранфил

Некоторым меломанам

Гремела симфония в праздничном зале.
Девятая — это, скажу вам, лавина...
Видать, предыдущие восемь сыграли,
Пока наряжалась моя половина.

Аурел Иордаке

Монаху

Последний миг его настал,
И в этот миг спросить нелишне:
Отдать-то душу он отдал,
Но принял ли ее Всевышний?

Ион Миок

Совет жениху

Перед женитьбой, дорогой,
Не будь слепым, глаза открой.
Потом придется, может быть,
На многое глаза закрыть.

Юный тополь

Постиг с годами друг зеленый
Закон растущих тополей:
Чем выше вытянулись кроны,
Тем ветер треплет их сильней.

Вирджил Шкиопеску

Гинекологу

В разгуле зимней непогоды
Рождается наш новый год.
Но как же так? Случились роды,
А ты с них не урвал доход?

Габриэл Теодореску

Родительская помощь

Над задачами отец сутулит спину,
В сочиненье мать уткнула нос,
   Потому что их детина
   К телевизору прирос.

Мирча Трыфу

Юмору, «бедному родственнику» литературы

Заманчив и к родне богатой путь,
Обильны и весомы там обеды.
Но кто на славу хочет отдохнуть,
Тот все же к бедным родственникам едет.

Думитру Мунтяну
(Род. 1927)

Зверюге

Папаша Ной в ковчеге щедро
Спасал зверей. Кипел потоп.
Ты вроде затерялся в дебрях,
Но отыскал тебя Эзоп.

ВАСИЛЕ ХУНУ
(Род. 1932)

МЯСНИКУ

Сколько благ давали кости!
Припеваючи он жил.
Даже в яму на погосте
Только кости он сложил.

КОНСТАНТИН КОНДРЯ
(Род. 1920)

В АВТОБУСЕ

— Не обижайтесь... Между нами...
Учтивость все-таки нужна.
Вы б уступили место даме...
— Но это же моя жена!

Григоре Чокой
(Род. 1929)

Портному

Шитье и кройку искренно любя,
Скажу, что не обижен ты судьбою.
Но жаль, что не надели на тебя —
Хоть раз! — костюм, сработаный тобою.

Притворщик

Когда притворщика отпели,
Его знакомец был смущен:
— Почил покойник в самом деле?
Не притворяется ли он?

Педагог-зазнайка

Всем он дать готов урок,
Спец в любой сложнейшей теме.
Лишь инспектор на порог —
Он сидит на бюллетене.

О разводах

Что ж, развод — безрадостный итог.
И к юристу он пошел, как водится.
Но законник горю не помог:
«Некогда!» Бедняга сам разводится.

Самому себе

Я консультанту рукопись отдал,
Во мне смешались робость и отвага.
И консультант завистливо сказал:
— Какая чудная бумага!

Джузеппе Наварра
(Род. 1937)

Тем, кто ходит по траве,
где не положено

Вопрос возник в моей голове,
Когда я на клумбу смотрел в окно:
Раз уж вы топчетесь на траве,
Может, начнете пастись заодно?

Пустомеля

Напыщенный такой
И вроде бы могучий,
Ты мог бы быть горой,
Когда бы не был кучей.

Петру Кэраре
(Род. 1935)

Стимул

Чем дальше приманкой
Маячит овес.
Тем лошадь усерднее
Тянет свой воз.

Автору, перепевающему себя

Автор, говорят, устал?
Повторять себя он стал?
Тут противоречие:
Повторять-то нечего.

Козел отпущения

Расчехвощенный, побитый,
Был он стоек в час хулы,
Но откинул он копыта
От случайной похвалы.

246

Зазнобушка

Встреча с нею — благодать!
Как она целует! Сила!
До меня еще, видать,
Милка опыт накопила.

Возраст

Зачем пересекла мой путь земной
Любовь, прошедшей молодости эхо?
И девушка смеется надо мной,
Да и жена сдержать не может смеха.

Аурелиу Бусуйок
(Род. 1928)

Автоэпитафия

Жизнь — летучее мгновенье,
Слава — вздорный номер.
Я прочел свои творенья
И со смеху помер.

ЕФИМ ТАРЛАПАН
(Род. 1944)

Лозунг свиньи

Да я во что бы то ни стало
За демократию — горой!
Чтобы всегда торжествовало
Святое право быть свиньей.

Признание Адама

А с Евой мне тоскливо стало,
Приелось мне ее добро.
Я сбегаю к Творцу, пожалуй,
Пожертвую еще ребро.

Адамово яблоко

Сорванное с памятного древа,
Яблоко в веках живет упрямо.
И хотя им насладилась Ева,
А застряло в глотке у Адама.

Яблоко Ньютона

Упав на мудрое чело,
Оно идею породило.
Иному б вряд ли повезло,
Ему бы шишку лишь набило.

Мораль без басни

Обернулось дело так:
Стал главой овчарни хряк.
Хряк задал овчарне жара —
Нынче хрюкает отара.

Мышь со вкусом

Обгрызены обложка, корешок,
Стихи остались невредимы все же...
Как будто несмышленый грызунок,
Однако вкуса не лишен, похоже...

Собрату по перу

Диво ли, что твой Пегас
Так безвременно угас?
Ведь навьюченность такая,
Будто лошадь — ломовая.

Клеветник и змея

— Мы не ровня, а гляди ты,
Все же оба ядовиты, —
Клеветник заметил, сходства не тая.
— Сходство — сходством, но бывает,
Что мой яд порой спасает, —
Прошипела проползавшая змея.

Завистник

Чужая слава —
Ему отрава.

Переменчивый

За миг короткий —
Такая смена:
То агнец кроткий,
То гиена.

Надпись на опустевшей конуре

Отсюда изгнан пес.
Отправлен он в изгнание
За недостаточно
Усердное виляние.

Как правило...

Я видал коны и коники
И постиг наверняка:
У талантов есть поклонники,
У бездарности — рука.

ТИТУС ШТИРБУ
(Род. 1942)

С ГЛАЗ ДОЛОЙ

С высоты низринут герб
Прежней сверхдержавы.
Притупился старый серп,
Молоток стал ржавый.

Дожили

Весело, как дружеской попойки,
Ждали мы свободы, перестройки.
Оказалось, что она на деле —
Горькое и тяжкое похмелье.

К рыночной экономике

Два вола телегу тащат
По колдобинам и рыпам.
Им ярмо натерло холки,
А телега прет со скрипом.

Рост

Цены так и рвутся вверх,
Не до зубоскальства.
А зарплаты — ох, растут
Только у начальства.

Лень и бедность

Лень легла под кустик в тень,
Дрыхнет целый божий день.
Рядом Бедность восседает,
Мух от Лени отгоняет.

Кооперативщик

Воришка мелким слыл.
Чужое брал, но с чувством меры.
Теперь в кооператив вступил
И выбился в миллионеры.

БЕЗРАБОТНЫЙ

Он исхудал. Совсем прозрачным стал.
Почти что не отбрасывает тени.
Как будто в самом деле перестал
Испытывать земное притяженье.

ХАПУГА

У него подмоги просят:
— Уголь дай, дрова, бензин...
Дефицитом в полной мере
Пользуется он один.

СТАРЫЙ КЛИЧ

Еще раз напомним
Чиновному пню:
— Да здравствует дело!
— Долой болтовню!

НИКОЛАЕ ЦУРКАНУ
(1918–1985)

БРАЧНОЕ ОБЪЯВЛЕНИЕ

Веря в счастье встреч чудесных,
Предлагаю поменять
Два дивана одноместных
На двуспальную кровать.

И. К. ПОПЕСКУ-ПОЛИКЛЕТ

СТАРОМУ ЧЕРТУ

Печатно ты меня лягнул
В труде, что станет знаменитым.
Что ж, поздравляю, Вельзевул,
Позволь пожать... твоё копыто.

Иоан Френцеску

Мираж

Прибыл в отпуск чин солидный,
Прямо к пляжу — шагом марш.
Сотни голых тел увидел:
— Боже, сколько секретарш!

Теодор Марикару

Плодовитому поэту

Подоспеть, урвать — в твоей натуре,
Удивить обилием томов...
Ломятся деревья не от бури,
А от груза собственных плодов.

Георге Гросу

Адам

По райским кущам и садам
Бродил он и резвился.
Славно жил в раю Адам,
Покуда не женился.

Константин Иримиа

Футбольный судья

Особая сноровка:
Машину, дачу, дом
Он заработал ловко
Неправедным свистком.

Мирча Рэдулеску

Лесть

Тихая, как бормотанье,
Пробивная, будто лом,
Лесть — извечное братанье
Лицемера с дураком.

Ион Пея

Литературный критик

Высокопарно, вдохновенно
С интеллигентного амвона
Толкует об огне священном,
Когда клубится дым зловонный.

НИКОЛАЕ ПЕТРЕСКУ

ЗНАКОМЫЙ АВТОР

Пока его я не читал,
Считал его поэтом.
Но вот я книжку в руки взял,
Прочел — его и нету.

ТЕОФИЛ ВОЙНЕСКУ АМАДЕУС

ХУДОЖНИК-МАРИНИСТ

Не пожалев густых белил,
Лазури, охры, сурика,
Он море нам изобразил
На самом низком уровне.

Элис Рэпяну
(Род. 1939)

* * *

Через бездну мост железный
Мы со временем проложим!
Но пока мы эту бездну
Углубляем, сколько можем.

1985

Содержание

Кишинев – Бостон